GRUNDLAGEN UND GEDANKEN ZUM VERSTÄNDNIS
ERZÄHLENDER LITERATUR

HEINRICH BÖLL: DIE VERLORENE EHRE DER KATHARINA BLUM

von

BERND BALZER

VERLAG MORITZ DIESTERWEG
Frankfurt am Main

Die Reihe wird herausgegeben von Hans-Gert Roloff.

Für Helga

ISBN 3-425-06041-4

2. Auflage 1994

Umschlaggestaltung: Reinhard Schubert, Frankfurt am Main
Gesamtherstellung: Hassmüller KG Graphische Betriebe, Frankfurt am Main

Inhalt

1 Allgemeine Grundlagen 5

1.1 Die erstaunliche Karriere der *Katharina Blum* – oder: wie ein »Fall« entstehen und wohin er führen kann 5
1.2 Der Ort der Erzählung im Lebenswerk des Autors 7
1.3 Bewußtseinswende – der geschichtliche Kontext von *Katharina Blum* 13
1.4 »Neue Subjektivität« – das literarische Vorfeld von *Katharina Blum* 14
1.5 *Katharina Blum* 15
1.5.1 Stoff und Entstehung 15
1.5.2 Literarische Vorbilder 18
1.5.3 Die Verfilmung 19
1.5.4 Theaterfassung und Oper 20

2 Wort- und Sachkommentar 22

3 Struktur des Textes 23

3.1 Titel und Untertitel 23
3.2 Das Motto 24
3.3 Der Text 25

4 Gedanken und Probleme 39

4.1 Erzählerrolle und Gattungsproblem 39
4.2 Die »Moral der Sprache« 44
4.3 Verbale Gewalt – die Sprache der ZEITUNG 47
4.4 »Wie Gewalt entstehen kann« – Böll und »die Eskalation der Gewalt« 51
4.5 ZEITUNG und BILD-Zeitung 54

5 Dokumente zur Rezeption 56

5.1 Stimmen zur Buchfassung 56
5.2 Reaktionen auf die Filmfassung 68

6 Literaturverzeichnis 72

1 Allgemeine Grundlagen

1.1 Die erstaunliche Karriere der »Katharina Blum« – oder: wie ein »Fall« entstehen und wohin er führen kann

»Als Bestseller dieses Jahres und als skandalöser zumal galt diese Erzählung schon, als noch niemand genau wissen konnte, was konkret drin steht« (Kölner Stadtanzeiger, 10. 8. 1974). In der Tat: Im Juli 1974 kam die Erstauflage der Erzählung heraus; seit Anfang Mai häuften sich in der deutschen Presse Vorankündigungen und Mutmaßungen über die »neue Erzählung von Böll« (Kölnische Rundschau, 4. 5. 1974 u. a.), den »Böll-Roman um Karneval und Pressewesen« (Abendzeitung, München, 9. 5. 1974). Auslöser war natürlich eine geschickte PR-Kampagne des Verlages: die Ankündigung einer Startauflage von 100 000 Exemplaren – »Das ist die oberste Marke für verlegerischen Wagemut, die nur bei Namen wie dem Solschenizyns oder vielversprechenden internationalen Bestsellern riskiert wird« (Deutsche Welle, 20. 5. 1974) –, eine Pressekonferenz, auf der Böll mit Andeutungen Neugier anstachelte (»Von mir erfahren sie nichts«) und die Produktion von Erfolgserlebnissen für ›findige Journalisten‹ (»Trotz der Böllschen Diskretion sind dennoch Einzelheiten durchgesickert«, Kölner Express, 9. 5. 1974) bereiteten den Markt gründlich vor.

Auch die Veröffentlichung war durch ungewöhnliche Begleitumstände gekennzeichnet: »Zum erstenmal seit seinem Bestehen veröffentlicht der SPIEGEL ein, wie man so sagt, belletristisches Werk, in vier Folgen eine nicht allzu lange Erzählung von Heinrich Böll [...], dem einzigen lebenden Nobelpreisträger für Literatur deutscher Sprache. [...] Böll, der traurig-humorvoll-heiter-gütige, bleibt Böll. Seine neue Erzählung ist wieder skandalös. Darum drucken wir sie.« So leitete Rudolf Augstein die Nummer seines Blattes ein, die den Vorabdruck begann (28. 7. 1974). Ein zusätzlicher Vorspann steigerte mit Charakterisierungen wie »Bestseller-Favorit Nr. 1 für die neue Buchsaison« und der Ankündigung einer »internationale[n] Koproduktion [des Fernsehens], die auch als Kinofilm laufen soll«, die Erwartungen. Trotzdem wurde die Erzählung nicht zum »gemachte[n]«, sondern zum »natürliche[n]« Bestseller (Klaus Rainer Röhl in: das da, August 1974). Nicht nur schnellten die Verkaufsziffern sehr rasch nach oben (nach 6 Wochen 150 000 Exemplare, nach 4 Monaten 200 000, ein Raubdruck kam noch dazu), sondern der Erfolg hielt an, fiel späteren Neuausgaben ebenfalls zu und blieb auch nicht auf den deutschsprachigen Buchmarkt beschränkt.

Außergewöhnlich war die publizistische Reaktion: »Die Kritiker kommen aus ihren Löchern hervor, bekennen Farbe. Nicht nur Bölls Erzählung [...] ist entlarvend, entlarvend sind auch die Kritiken, die sie gefunden hat. Insbesondere dort, rechts, wo man sich getroffen gefühlt hat.« Dieses Resümee Hanjo Kestings (Vorwärts, 19. 12. 1974) erfaßt trotz des Überraschtheitsgestus nur eine Seite der Reaktion; denn insgesamt ist diese »im allgemeinen sehr positiv verlaufen«

(Nägele, S. 162). Das »gespaltene Bewußtsein der Öffentlichkeit« (Kicherer, S. 118) wird freilich durch ein übergreifendes Phänomen zusammengehalten, das Böll selbst in seinem Nachwort *Zehn Jahre später* mit einem Beispiel beschreibt:

»Hartnäckig hält sich das Gerücht, diese *Erzählung* wäre ein Terroristen-*Roman*; erst kürzlich hat ein angesehener Professor für Informatik das Gerücht fortkolportiert: offenbar scheut auch er es, sich zu *informieren*; da wäre die Frage zu stellen: wie informiert sich ein Informatiker? aus dem ›Hörensagen‹, aus zweiter, dritter oder gar sechster Hand?« (Nachwort, S. 259)

In der Tat bestimmte »Hörensagen«, der ›Ruf‹, den das Werk rasch erlangte, der ihm ja teilweise schon vorauseilte, die Reaktionen stärker als der Text. Schon für den SPIEGEL (s. o.) war ausgemacht: »Eine denkwürdige publizistische Affäre – Bölls Kontroverse mit ›Bild‹ über dessen Baader-Meinhof-Berichte – hat ein belletristisches Nachspiel«, und so erwies sich der Mechanismus wahrnehmungssteuernder Vorurteile als derart stark, daß Kritiker »Bankräuber und Bombenleger« (Rhein-Neckar-Zeitung, 10./11. 8. 1974), »Terroristen« (Die Welt, 16. 8. 1974) im Text zu entdecken glaubten, obwohl Böll mit Recht darauf besteht, daß es »in dieser Erzählung nicht einen einzigen Terroristen« gibt (Nachwort, S. 259). Ob andere Schludrigkeiten der Lektüre – »Ludwig Grötten« (Aufbau, 23. 8. 1974), »Götten, [=Tötges] so heißt dieser Teufel, lügt und hetzt« (Süddeutsche Zeitung 10./11. 8. 1974), »Ludwig Goete« (Kölner Stadtanzeiger, 9. 5. 1974), Ludwig Gött (Kölner Express, 9. 5. 1974) – nur dem zunftbedingten Zeitmangel oder der Tatsache zuzuschreiben sind, daß man den Text bereits vor dem Lesen zu kennen glaubte, mag dahinstehen; sicher ist, daß der ›Ruf‹ der Erzählung, ihr Image, für die Schlagzeilenpoetik der deutschsprachigen Presse bestimmend war: Das behauptete und erwartete »Nachspiel« der Kontroverse um Bölls Baader-Meinhof-Artikel (s. u., S. 11 f.) gerann zu »Heinrich Bölls Rache« (Saarbrücker Zeitung, 3. 8. 1974). Von den 42 mir zugänglichen Rezensionen zu *Katharina Blum* enthalten 20 die Worte »Rache«, »Abrechnung« oder »Vergeltung« schon in der Überschrift. Wird durch die Rezensionen selbst aber immerhin eine Verbindung von Text und Image gewährleistet, so vermochte dieses auf anderen Ebenen sich völlig vom Text zu lösen: Der damalige Vorsitzende der CDU/CSU-Fraktion im Bundestag und spätere Bundespräsident, Karl Carstens, sagte auf einer CDU-Kundgebung in Duisburg am 12. 12. 1974:

»Ich fordere die ganze Bevölkerung auf, sich von der Terrortätigkeit zu distanzieren, insbesondere auch den Dichter Heinrich Böll, der noch vor wenigen Monaten unter dem Pseudonym Katharina Blum ein Buch geschrieben hat, das eine Rechtfertigung von Gewalt darstellt.«

Bei der Moskauer Uraufführung der Filmversion (1977) schließlich habe, so berichtete mir Böll, jeder Hinweis auf Erzählung und Verfasser gefehlt. Offenbar sei sein Name gerade wieder einmal wegen seines Eintretens für verfolgte sowjetische Schriftsteller tabu gewesen. Daß der Moskauer Korrespondent des Kölner Stadtanzeigers (18. 3. 1977) hierzu ganz andere Angaben machte, zeigt, daß selbst Böll sich der Trennung von Werk und »Affäre« nicht entziehen konnte.

Ab 22. September 1974 stellte die zum Axel-Springer-Konzern gehörende Zeitung »Welt am Sonntag« die Veröffentlichung ihrer »Bestseller-Liste« ein.

»Grund: Springer will Heinrich Bölls Buch über die ›verlorene Ehre der Katharina Blum‹ nicht mehr in der Hitliste sehen. [...] Die Redaktion der *WamS* reagierte auf den Eingriff des Verlegers mit Unwillen. Daraufhin bot Springer einen Kompromiß an: Böll verschwindet, die Liste bleibt. Da wollte die Chefredaktion nicht mitspielen. Jetzt gibt es gar keine Bestseller-Tabelle mehr.« (Vorwärts, 10. 10. 1974)

Das sind ungewöhnliche Wirkungen eines Textes – ebenso ungewöhnlich, wie die Wirkungen, die in der Öffentlichkeit von ihm erwartet wurden:

»Der Wirkungen solcher Schreibe kann sich Heinrich Böll schon jetzt sicher sein. ›Dieses Buch wird stärkere Wirkungen haben als eine ganze Kampagne ‚Enteignet Springer'‹, jubelte Meinhof-Ex-Ehemann Klaus Rainer Röhl, der es wissen muß. Ob es in Zukunft nicht mehr ›enteignet‹, sondern ›erschießt Springer‹ heißen soll, bleibt fraglich. – ›Wie Gewalt entstehen und wohin sie führen kann‹ lautet der Untertitel dieses Buches. Es ist nicht bekannt, ob Heinrich Böll seine gruseligen Konsequenzen tatsächlich zuende gedacht hat.« (Bayernkurier, zit. nach: »Die Zeitschriftenschau«, Sender Freies Berlin, 3. 9. 1974)

1.2 Der Ort der Erzählung im Lebenswerk des Autors

Das »Rache«-Stereotyp der Rezensionen stellt *Katharina Blum* in einen größeren zeitgeschichtlichen Zusammenhang. Schon der Klappentext der Erstausgabe verweist auf einen anderen Roman: »Heinrich Bölls neue Erzählung [...] knüpft in Schreibart und Motiv an seinen letzten Roman *Gruppenbild mit Dame* an.« Und seine Kurzfassung resümiert: »Im Motiv und Stil zeigt sich diese Erzählung als eine Fortschreibung des großen Romans *Gruppenbild mit Dame*.«

Damit ist – zu Recht – auf einen Begriff verwiesen worden, den Böll 1971 prägte und danach immer wieder beschworen hat:

»Ich empfinde jedes Buch als eine Erweiterung des Instrumentariums, der Ausdrucksweise, der Komposition und auch einer gewissen Erfahrung, und insofern ist dieses Buch [*Gruppenbild*], wie alles, was ich geschrieben habe – auch zwischendurch kleinere Dinge, Aufsätze, Kritiken usw. – eine Fortschreibung. Der Prozeß des Schreibens ist eine dauernde Fortschreibung.« (J, S. 120)

Auf die Form der »Poetischen Dokumentation« (Nachwort, S. 245) und damit auf die Verwandtschaft mit »Schreibart« und »Stil« von *Gruppenbild* wird ausführlich einzugehen sein (s. u., S. 40 f.); der motivliche Zusammenhang ist durch Charakter und Rolle der weiblichen Hauptfiguren ebenso plausibel wie durch die Übereinstimmungen in deren Handlungsmotivationen: Katharina (griechisch ›die Reine‹) wirkt auf den ersten Blick so sehr wie die literarische Schwester der »subversiven Madonna«* Leni Gruyten, daß sich die Kritiker immer wieder zu entsprechenden Anspielungen verleiten ließen:

* Titel einer von R. Matthaei herausgegebenen Aufsatzsammlung zu *Gruppenbild* (Köln 1975).

»Diesmal schießt Bölls Dame« (Rheinischer Merkur, 16. 8. 1974)
»Skandalbild mit Dame« (Neue Osnabrücker Zeitung, 4. 10. 1974)
»Gruppenbild mit Mord« (Westermanns Monatshefte 11/1974)

Nun steht die ›Reinheit‹ der »heiligen Katharina« (Süddeutsche Zeitung, 10./11. 8. 1974) durchaus nicht ganz außer Zweifel (s. u., S. 53); aber das läßt sich auch von Leni feststellen. Wichtiger ist der Moment der Handlung:

»Wie meistens, wollte ich im Grunde auch nur eine Liebesgeschichte schreiben, und mir schien, daß es spannender, echter, exakter und auch der Wirklichkeit entsprechender sei, wenn man eine Liebe zwischen Mann und Frau [...] in eine möglichst schwierige [...] Situation stellt« (J. S. 126).

Dies bezieht sich auf *Gruppenbild*, trifft auf *Katharina Blum* aber in gleichem Maße zu. Das ist um so bedeutsamer, als Böll es geradezu als ein »Kennzeichen der Literatur« ansah, daß »die meisten Autoren [...] nur ein einziges Thema« haben (J, S. 397), das er für sich selbst mit den Aspekten »die Liebe und die Religion« (J, S. 68) definierte. Das religiöse Moment ist in *Katharina Blum* trotz des Spitznamens »die Nonne« in den Hintergrund getreten; die Liebesgeschichte hingegen verbindet Katharina und Ludwig Götten mit einer langen Reihe verwandter Paare im Gesamtwerk des Autors, die in unterschiedlicher Weise in »möglichst schwierige« Situationen gestellt sind, dem Wandlungsprozeß der Zeitgeschichte entsprechend. Die Kriegszeit macht die Situation »schwierig« für die Liebenden vieler Kurzgeschichten, mit denen Böll 1947 seine literarische Karriere begann. Exemplarisch für solche Liebesbedingungen im Krieg ist vor allem die erste umfangreichere Erzählung, *Der Zug war pünktlich* (1949): Extrem in den Bedingungen – der Soldat Andreas und die polnische Partisanin begegnen sich in einem Bordell in Lemberg –, extrem auch in der übermächtigen, unerklärten, weil unerklärbaren Gewalt und der Plötzlichkeit, mit der diese Liebe über die beiden buchstäblich ›hereinbricht‹. Dennoch verwirklicht sich diese Macht hier nur im quasi weltentrückten idyllischen Augenblick und – als jenseitige Hoffnung: »Wohin ich dich auch führen werde, es wird das Leben sein« (R I, S. 361). Ähnlich ist die Situation für Ilona und Feinhals in Bölls erstem veröffentlichten Roman, *Wo warst du, Adam?* (1951), vergleichbar sind auch idyllischer Moment und Jenseitsperspektive. Von dorther die vor allem in den 50er Jahren viel beschworene »christliche Position« herzuleiten, führt unweigerlich zu Mißverständnissen; die »ewige Liebe« (R I, S. 793), auf die der Roman verweist, ist nicht so sehr christliche Tröstung als vielmehr Anklage gegen die Umstände, die eine Verwirklichung der Liebe im Diesseits verhindern. Und diese Position des Anklägers gegen die Umstände, die immer soziale sind, hält Böll in seinem gesamten Werk durch, wobei die Anklage mit der Differenzierung der gesellschaftlichen Faktoren in zunehmender zeitlicher und thematischer Entfernung von der Situation des »totalen Krieges« immer konkreter wird. In *Der Zug war pünktlich* ist noch von anonymen »Stimmen« die Rede, in seinen Beiträgen zur »Trümmerliteratur« erhalten die Verantwortlichen »Namen und Adresse« (Brecht). Die Familie Franke steht in *Und sagte kein einziges Wort* (1953) für

›Wirtschaftswundermentalität‹, also Egoismus, Verdrängung von Geschichte, Macht- und Besitzgier hinter »christlicher« Fassade. Hinter solcher Personalisierung wird aber zugleich das Prinzip und die Struktur dieser gesellschaftlichen Konstitution sichtbar: in ›Apparaten‹ organisierte Macht wie Kirche, Wirtschaftsorganisation, Staat. Kirchliche Prozession und Umzug einer Berufsorganisation (hier: ein Drogistenverband) sind ununterscheidbar, und beide kommen gleichsam im »Stechschritt« daher (R II, S. 68). Liebe stellt Böll bewußt und geradezu demonstrativ anarchisch gegen solche Herrschaftsstrukturen: Eine Imbißbude wird zur Gegenwelt herrschaftsfreier Gemeinschaft, in der auch die gefährdete Ehegemeinschaft der Bogners eine Grundlage jenseits kirchlicher und staatlicher »Verrechtlichung« (J, S. 550) finden kann. Der Bogen spannt sich über *Das Brot der frühen Jahre* (1955) mit seinem »Aussteiger-Pärchen« Fendrich und Hedwig zu Hans Schnier und Marie in *Ansichten eines Clowns* (1963). Immer stehen Liebesgemeinschaften im Kontrast zur gesellschaftlichen Konstitution der jeweiligen zeitgeschichtlichen Situation, kommen durch sie in »Schwierigkeiten«, bieten aber auch immer wieder idyllisch Zuflucht. Der naheliegende »Kitsch«-Vorwurf wurde früh erhoben – »eine Form von Seelenhaftigkeit, eine situationsgerechte Spielart der deutschen Innerlichkeit« (Günter Blöcker in: Kritisches Lesebuch, Hamburg 1962, S. 285) – und später immer mehr gesteigert in dem Maße, wie sich die Kritik als scheinbar ästhetischer ›Knüppel‹ politischen Motiven dienstbar machen ließ: »linksrheinischer Fallada« (Welt der Literatur, 17. 9. 1964), »Courths-Mahler der 2. Jahrhunderthälfte« (Die Welt, 16. 2. 1972). Bei *Katharina Blum* gehörte er zum längst gebräuchlichen Arsenal:

»In hölzerner Sprache und mit ermattender Beobachtungsgabe« (Deutsche Zeitung, Stuttgart, 9. 8. 1974)
»Ein Rührstück« (Ruhr-Nachrichten, 31. 8. 1974)
»bieder-anspruchslose Art« (Aachener Volkszeitung, 7. 9. 1974)
»Bestselleranspruchslosigkeit« (Basler Nachrichten, 5. 10. 1974) usw.

Es ist die Anklage, die solchen Zorn motiviert, und die Vehemenz des Zorns gibt einen guten Maßstab für die Treffsicherheit der Anklage. Daß neben dem kritischen Romanautor seit 1952 (*Nicht nur zur Weihnachtszeit*) der scharfsichtige Satiriker zu beachten war und spätestens seit dem berühmten *Brief an einen jungen Katholiken* (1958) der vielbeachtete engagierte politische Publizist Böll, erklärt die Heftigkeit der Reaktionen und bedingt zugleich ein tiefsitzendes Mißverständnis: »die Parteien, Interessengruppen, Kirchen entdecken das Engagement fast immer in der falschen Ecke« (E II, S. 43), beklagte sich Böll 1964 in den *Frankfurter Vorlesungen*, und die Beseitigung dieses Mißverständnisses war ihm wichtig. Deshalb ging er in diesem umfassendsten Versuch, seine literarischen Vorstellungen theoretisch zu beschreiben, mehrfach eindringlich darauf ein:

»Die Politiker bilden sich immer zuviel ein, wenn sie sich von zeitgenössischer Literatur [...] gestört, in ihren löblichen Absichten gekränkt sehen. Was politisch oder sozialkritisch an der zeitgenössischen Literatur sein mag, ergibt sich aus dem jeweils vorkommenden Material. Ein Autor sucht Ausdruck, er sucht Stil, und da er mit dem schwierigen Geschäft zu tun hat, die Moral des Ausdrucks, des Stils, der Form mit der Moral des Mitgeteilten übereinzubringen, werden Politik und Gesellschaft, ihre Riten, Mythen, Gebräuche zum vorkommenden, vorhandenen Material. Wenn sich die Politiker und die Gesellschaft gekränkt oder bedroht fühlen, so erkennen sie nicht, daß es dabei immer um mehr als um sie geht. Sie sind nicht einmal ein Vorwand, nur selten ein Anlaß, kaum jemals auch als Modell geeignet. [...] Ein Autor nimmt nicht Wirklichkeit, er hat sie, schafft sie, und die komplizierte Dämonie auch eines vergleichsweise realistischen Romans besteht darin, daß es ganz und gar unwichtig ist, was an Wirklichem in ihn hineingeraten, in ihm verarbeitet, zusammengesetzt, verwandelt sein mag, wichtig ist, was aus ihm an geschaffener Wirklichkeit herauskommt und wirksam wird. Daß selbst in den weniger subtilen Formen der Literatur, in allem Geschriebenen, in jeder Reportage Verwandlung stattfindet (Transposition), Zusammensetzung (Komposition), daß ausgewählt, weggelassen, lange ›Ausdruck‹ gesucht wird, diese Binsenwahrheit müßte allmählich bekannt sein.« (E II, S. 54)

Die Passage ist nur scheinbar lang, enthält sie doch trotz metaphernreicher Redundanz das poetische Konzept Bölls in größtmöglicher Komprimation. Doch ist die »Binsenwahrheit«, auf die Böll sich beruft, kaum aufgenommen worden, auch nicht »allmählich«, weshalb er schon in den *Frankfurter Vorlesungen* seine Position mehrfach verdeutlichte und auch späterhin sich immer wieder zu Explikationen genötigt sah:

»Der Inhalt einer Prosa ist doch ihre Voraussetzung, ist geschenkt; und dem geschenkten Gaul sollte man nicht ins Maul schauen.« (E II, S. 38)

»Der Einstieg ist gar nicht immer das sogenannte Engagement, sondern die Sprache, und mit der Sprache wird das Material Staat, Gesellschaft geprüft. [...]Wenn aber dann bei dieser Prüfung, die sich im Ausdruck niederschlägt, Konflikte auftauchen, alte Ängste auftauchen, verdrängte und verschobene Probleme, dann kommt es möglicherweise zur Attacke. Aber ich glaube nicht, daß die Attacke das Primäre ist, das Primäre ist die Sprache und der Wunsch, ein bestimmtes Problem, eine bestimmte Sache, eine Person darzustellen [...] ich sehe den Einstieg gar nicht so moralisch oder moralistisch, wie es manchmal aussieht. Vieles ist ja auch Spielerei, so satirische Dinge, die man ganz genau entwerfen kann, fast wie eine mathematische Formel.« (J, S. 507)

Das besondere, »poetische« Wirklichkeitsverständnis und den Primat der Form gilt es bei der Betrachtung des Fortschreibungsprozesses und jedes einzelnen Werks im Blick zu behalten. Dann zeigt sich, daß der scheinbar ›einfache‹ Stil Bölls, seine Orientierung an der Sprache des Alltags, »das Ergebnis sehr komplizierter künstlerischer Vorgänge« (J, S. 648) ist:

Die Beschränkung von Zeitgeschichte und Familienbiographie, von 50 Jahren deutscher Geschichte und den 12 Stunden eines Geburtstages in *Billard um halb zehn* läßt sich so als Umsetzung architektonischer Regeln in Sprache erkennen. Das gilt in ähnlicher Weise von *Ansichten eines Clowns* und *Gruppenbild mit Dame*, und Bölls Konstruktionszeichnungen für seine Romane sind inzwischen ja auch bekannt.*

* Vgl. B. Balzer: Heinrich Böll, Ansichten eines Clowns. Frankfurt/M: Diesterweg 1988 = Grundlagen und Gedanken zum Verständnis erzählender Literatur, S. 38.

In die Erzählung *Entfernung von der Truppe* (1964) hat Böll solche konstruktiven Überlegungen in den Text des »Erzählwerks (Werk hier im Sinne von Uhrwerk zu verstehen)« integriert (R III, S. 315):

»Nicht nur was mich, auch was alle anderen in diesem Erzählwerk auftretenden Personen betrifft, möchte ich es nicht als fertige Niederschrift anlegen, sondern wie eins jener Malhefte [...]. In diesen Heften waren teilweise Linien, oft nur Punkte vorgezeichnet, die man zu Linien verbinden konnte.« (ebd., S. 321)

»Nachträge«, mit einem *»Geständnis«*, einer *»Moral«* und einer *»Interpretation«* lenken den Blick des Lesers zusätzlich auf die Form. Letztere schließt mit der Bemerkung: »Der Erzähler verbirgt etwas. Was?« (ebd., S. 376)

Die Antwort auf die Frage gab Böll 1967 in der Glosse *Einführung in Dienstfahrt*, die er der ein Jahr vorher veröffentlichten Erzählung *Ende einer Dienstfahrt* nachreichte. Die Erkenntnis, »daß alle Kunst von dieser so fassungslosen wie unfaßbaren Gesellschaft ernstgenommen wird, brachte mich auf die Idee, daß Kunst [...] eine, vielleicht die letzte Möglichkeit sei, die Gummizelle durch eine Zeitzünderbombe zu sprengen oder den Irrenhausdirektor durch eine vergiftete Praline außer Gefecht zu setzen« (E II, S. 243): die Erzählung als »Versteck« einer »Bombenpraline« – deren Brisanz wie Toxizität freilich nicht im Realitätsgehalt liegt; denn: »ich brauchte einen Rahmen, einen schmalen leichten Rahmen aus totem Material: aus Wirklichkeit« (ebd., S. 254). Den Nobelpreis für Literatur erhält Böll 1972 dann aber doch für seinen »zeitgeschichtlichen Weitblick«; der »Rahmen« galt noch immer für wichtiger als das Bild. Dieses generelle Problem der Böll-Rezeption muß im Bewußtsein bleiben bei der Betrachtung des Zeitraums zwischen 1971 und 1974, in dem das Klischee von der »Rache Bölls« entsteht.

Seit der Debatte um die »Notstandsgesetze« und der »Studentenbewegung« (1968) hatte sich das öffentliche Engagement des Publizisten und Staatsbürgers Böll erkennbar gesteigert. Durch seine Wahl zum Präsidenten des internationalen PEN-Clubs (am 13. 9. 1971, Ende der Amtszeit Mai 1974) wuchs diesen Aktivitäten besondere und erweiterte Aufmerksamkeit zu. Stellungnahmen zu politischen und weltpolitischen Ereignissen wurden nicht nur zur Kenntnis genommen, sondern immer wieder eingefordert: »Man erwartet ein möglichst simpel formuliertes Bekenntnis, das die Politiker zur gegenseitigen Denunzierung verwenden können«, hatte er in den *Frankfurter Vorlesungen* formuliert. »Die Politiker drücken sich, Kirchenmänner sind klug in der Öffentlichkeit – das unkluge, das wahre Wort erwartet man von Autoren, sprechen sie es aber aus, dann heult die Maschine der Demagogie wie eine Luftwarnschutzsirene« (E II, S. 40). In der Zeit einer verbreiteten öffentlichen Hysterie angesichts eines politisch motivierten Terrorismus zu Beginn der 70er Jahre brachte dieser Reaktionsmechanismus der Öffentlichkeit immer neue Symptome hervor. Als Böll ein Plädoyer für »Gnade oder Freies Geleit« zugunsten von Ulrike Meinhof im SPIEGEL (10. 1. 1972) veröffentlichte, das »für jeden, der den Artikel ohne Böswilligkeit liest«, erkennbar machte, »daß er versönlich gemeint war und daß er entspannen wollte«

(Grützbach, S. 96), »heulte die Maschine der Demagogie« in davor ungekannter Weise auf. Eine Flut von Zeitungsartikeln, öffentlichen Aufrufen, Resolutionen ergoß sich mehr als zwei Monate lang über den Autor, und hätte »die Winterolympiade in Sapporo nicht angefangen« (ebd., S. 5), ein Ende der Kampagne wäre nicht abzusehen gewesen. Wenn auch nur im »Verhältnis 1 : 50 oder sogar 1 : 60« von Auswahl zu vorhandenem Material, so ist doch eine repräsentative Dokumentation dieser Kontroverse von Frank Grützbach 1972 herausgegeben worden (s. Literaturverzeichnis). Auf diese muß – und kann – verwiesen werden, da die Verbindung von *Katharina Blum* und Baader-Meinhof-Kontroverse weniger eng ist als vielfach angenommen.

»[...] es war eine Überschrift in der ›Bild‹-Zeitung, die ich für kriminell halte. Das war der Einstieg, das war der Anlaß für mich« (Grützbach, S. 96). »Baader-Meinhof-Bande mordet weiter«, hatte die BILD-Schlagzeile vom 23. 12. 1971 behauptet anläßlich eines Bankraubs mit Todesopfer, obwohl keinerlei Hinweis auf den Täter vorlag. Der Deutsche Presserat rügte später die BILD-Zeitung wegen dieser Schlagzeile. Bölls Artikel befaßte sich, von seinem »Einstieg« abgesehen, nicht so sehr mit BILD, sondern mit der Situation und den Reaktionen der Gesellschaft angesichts des Terrorismus. Diese Kontroverse, das publizistische Echo auf den Literatur-Nobelpreis und die zahlreichen Aktivitäten als PEN-Präsident prägten bis 1974 den öffentlichen Eindruck von der Rolle Bölls. Sein Plädoyer gegen »die Heuchelei der Nichteinmischung« beschrieb 1973 zugleich die internationale Spannweite seines Engagements:

> »Wir Autoren sind die geborenen Einmischer, wir mischen uns ein in die Rechtsprechung und Kulturpolitik der Sowjetunion, der CSSR, Spaniens, Indonesiens, Brasiliens und Portugals, [...] Wir werden uns auch in die Volksrepublik China einmischen, in Kuba und Mexiko.« (E III, S. 24)
>
> »Ich bitte um Einmischung in die Angelegenheiten der Bundesrepublik Deutschland.« (ebd., S. 25)

Engagement gegen den Vietnamkrieg, gleichzeitig auch gegen die Verfolgung von Schriftstellern und Regimekritikern in der UdSSR und anderen Staaten Osteuropas ebenso wie in westlichen Militärdiktaturen standen im Vordergrund, definierten damit auch zwangsläufig die öffentliche Erwartungshaltung. Gleichzeitige Äußerungen Bölls über die besondere Rolle und Aufgabe der Dichtung traten dagegen nicht so sehr ins öffentliche Bewußtsein. Zwar entfaltete er seinen *Versuch über die Vernunft der Poesie* (1973) als Nobelvorlesung vor einem weltweiten Publikum, doch seine Warnung vor der »falschen Alternative Information oder Poesie« (E III, S. 46), vor der »Zerstörung der Poesie, vor der Dürre des Manichäismus, vor der Bilderstürmerei eines [...] blinden Eiferertums« (ebd., S. 49) durchdrang kaum die Weiheatmosphäre des Festaktes. Und seine SPIEGEL-Äußerung:

> »Dichtung ist nicht gleich Unwahrheit. Legende sowenig gleich Lüge wie Mythos. Dichtung ist auch kein Gegensatz zur Geschichtswissenschaft, beide können einander ergänzen, indem sie sich von weit entfernten Standpunkten dem gleichen Gegenstand

nähern. Auch die Schriftsteller betreiben etwas, was die Physiker vielleicht ›Prüfung des Materials‹ nennen würden« (ebd., S. 32),

hatte innerhalb einer Rezension von Rudolf Augsteins Buch *Jesus Menschensohn* (1973) natürlich nicht die Breitenwirkung des Baader-Meinhof-Artikels.

»Die Geringschätzung des Poetischen, das seine eigene Sachlichkeit und seine eigene Vernunft hat, ist ein grober Irrtum der Theologen.« (ebd., S. 33)

Mit diesem Resümee hat Böll die Reaktion auf *Katharina Blum* vorweggenommen – pikanterweise auch die Rudolf Augsteins (s. u., S. 54).

1.3 Bewußtseinswende – der geschichtliche Kontext von »Katharina Blum«

Am 6. Mai 1974 trat Willy Brandt als Bundeskanzler zurück. Die zweite Regierung Brandt/Scheel, im November 1972 aus den Wirren von gescheitertem Mißtrauensvotum, »Parteiüberläufern«, absichtlich verlorener Vertrauensabstimmung und Neuwahl gestärkt hervorgegangen, scheiterte nur vordergründig an der Enttarnung des Referenten im Kanzleramt Günter Guillaume als DDR-Spion. Das außenpolitische Moment sozialliberaler Aufbruchstimmung hatte mit dem Abschluß der »Ostverträge« – im Dezember 1973 wurde als letzter der Deutsch-Tschechoslowakische Vertrag abgeschlossen – und der Aufnahme von Bundesrepublik und DDR in die UNO (September 1973) seine Triebkraft durch Erledigung eingebüßt. Innenpolitisch hatte die Regierungserklärung vom 18. 1. 1973 zwar Reformen in Bildung und Wissenschaft sowie Preisstabilität, innere Sicherheit, Lebensqualität und Weiterentwicklung der Gesellschafts- und Sozialpolitik angekündigt, doch blieben Erfolge nicht nur aus, sondern schienen für längere Zeit unmöglich gemacht: die »Ölkrise« am Ende des Jahres 1973 beraubte die Bundesregierung der dafür unabdingbaren finanziellen Mittel. Im Gefolge des 4. israelisch-arabischen Krieges (Jom-Kippur-Krieg) im Oktober setzten die arabischen Ölförderländer zum erstenmal den Ölpreis als politische Waffe ein. Der Zusammenbruch des Weltwährungssystems und eine weltweite Wirtschaftskrise waren die Folge. Auch die Bundesrepublik war betroffen. Aus dem Zustand überhitzter Konjunktur und Überbeschäftigung geriet man unversehens in rapiden wirtschaftlichen Abschwung mit einer Arbeitslosenzahl von (1974) einer halben Million. Aber auch der Aufbruch zu »mehr Demokratie« der ersten Regierung Brandt/Scheel (Regierungserklärung vom 28. 10. 1971) war in den Anfängen steckengeblieben, und das innenpolitische Klima hatte sich verschärft. Zwar war die »erste Welle« des Terrorismus mit der Verhaftung der meisten führenden RAF-Mitglieder 1972 beendet worden, doch hielt die Debatte um die innere Sicherheit an. Der sogenannte »Radikalen-Erlaß«, der Beschluß von Bundeskanzler und Ministerpräsidenten der Länder vom 28. 1. 1972 bei Einstellungen von Bewerbern für den Öffentlichen Dienst zu überprüfen, ob ihr aktiver Einsatz für die freiheitlich demokratische Grundordnung gewährleistet sei, führte zu einer auch internationalen Diskussion um »Berufsverbote« in der Bundesrepublik. Die Handhabung des Beschlusses in einzelnen Bundesländern mit z. T. grotesken Übertreibungen belegte eine Tendenz zu weniger Liberalität. Die auch innerhalb der SPD laut werdende Kritik an Brandt, nur zwei Jahre nachdem ihm der Friedensnobelpreis (1971) verliehen worden war, markierte einen Stimmungswandel, zu dessen Sprachrohr sich Herbert Wehner machte mit seiner Polemik gegen Brandt von einem Moskaubesuch aus. Eine ähnliche Tendenz kennzeichnete aber auch die Entwicklung innerhalb der CDU, die Rainer Barzel mit einer Ablehnung des deutschen UNO-Beitritts (8. 5. 1973) zum Rücktritt als Fraktions- und Parteivorsitzender zwang.

Die Ablösung der Regierung Brandt/Scheel durch die Regierung Schmidt/Genscher am 16. 5. 1974 markiert trotz des Mottos »Kontinuität und Konzentration« in der Regierungserklärung eine konservative Wende in der Bundesrepublik, die ganz offensichtlich dem Wandel eines breiteren Bewußtseins Rechnung trug.

1.4 »Neue Subjektivität« – das literarische Vorfeld von »Katharina Blum«

Die Literatur hatte auch diesen Wandlungsprozeß antizipiert. So wie Studentenbewegung und »Machtwechsel« von 1968 bzw. 1969 knapp zehn Jahre politisierter Literatur vorangegangen war, so setzte gerade auf dem Höhepunkt politischer Aufbruchsbewegungen in der Literatur eine gegenläufige Bewegung ein, die die »Tendenzwende« vorwegnahm: »Auf allen literarischen Beeten« ließen sich »neuerdings wie gedüngt wieder hochschießende Tagebücher und Intimgeschichten« beobachten, stellte Reinhard Baumgart 1973 fest (zit. nach Schnell, S. 258). Max Frisch (*Tagebuch 1866–1971*, 1972), Peter Rühmkorf (*Die Jahre, die Ihr kennt*, 1972), Gerhard Zwerenz (*Kopf und Bauch*, 1971), Jakov Lind (*Nahaufnahme*, 1973) veröffentlichten autobiographische Texte, und eine Reihe weiterer Autoren tat es ihnen nach. Auch im Gedicht zeigte sich diese Bewegung zum Ich, zur Innenschau:

> »Selbstverständlich, sage ich, man kann eine Stellung-
> nahme von mir erwarten
> Klar, den Minoritäten und so weiter
> Meine Sympathie, klar
> Aber zunächst muß ich mal dieses nächste Lebens-
> zeichen von mir hinkriegen, diese
> nächste kleine Herzrhythmusstörung.«
> (Gabriele Wohmann, zit. nach Schnell, S. 260)

Im Drama proklamierte Thomas Bernhard (*Die Unvernünftigen sterben aus*, 1973) eine neue Subjektivität:

> »Nun will ich das Träumen lernen,
> um mich vom Boden der unvollendeten Tatsachen zu entfernen.
> Ich will lernen, die Augen zu schließen,
> um mehr von dem wenigen, das ich wußte, zu wissen.«

Die »Neue Subjektivität« schloß jedoch ein wichtiges politisches Moment immer da ein, wo politisches Engagement die jüngere Lebensgeschichte bestimmt hatte. Das galt vor allem für Peter Schneiders Erzählung *Lenz* (1973), *Beringer und die lange Wut* (1973) von Gerd Fuchs oder Karin Strucks Roman *Klassenliebe* (1973). Eigene Lebensgeschichte war hier Stoff für fiktionale Texte, wobei Selbstvergewisserung und auch Selbstrechtfertigung deutlich vor der poetischen Fiktion rangierten. Natürlich gehörte Böll nicht in diesen Kontext literarischer Verarbeitung der Studentenbewegung; Lebensalter und letztlich auch Distanz zu Zielen und vor allem Methoden stellten einen entsprechenden Abstand her. Dennoch zeigt das Stereotyp von der »Rache« Bölls, daß sich ein Großteil der Rezeption doch innerhalb dieses Erwartungshorizontes vollzog.

1.5 »Katharina Blum«

1.5.1 Stoff und Entstehung

Es war Teil und Folge der starken öffentlichen Resonanz auf die Erzählung, daß Böll in Interviews immer wieder nach Schreibmotivation, Intention, Entstehungsgeschichte und Anlaß befragt wurde. So gibt es zu kaum einem anderen Werk Bölls derart viele Selbstäußerungen – was gerade nicht bedeutet, daß damit eine Art autorisierter Interpretation vorläge. Bölls stetige und konsequente Weigerung zu solcher Selbstdeutung hat auch zu tun mit seiner verschmitzten Freude am Versteckspiel: »[...] das ist wirklich ein Spaß, den ich mir erlaube, dem inzwischen verbreiteten Kritikerklischee [...] möchte ich Futter geben, so wie ich einem Hund einen Knochen hinwerfe« (»ARD-Bücherjournal«, 23. 9. 1979). Vor allem beruht dies jedoch auf seinem Literaturverständnis:

> »Wenn ich gefragt werde, wie oder warum ich dieses oder jenes geschrieben habe, gerate ich immer wieder in erhebliche Verlegenheit. Ich möchte gern nicht nur dem Fragenden, auch mir selbst eine erschöpfende Auskunft geben, kann es aber in keinem Fall. Ich kann den gesamten Zusammenhang nicht wiederherstellen und wünschte doch, ich könnte es, um wenigstens die Literatur, die ich selber mache, zu einem weniger mystischen Vorgang zu machen.« (E III, S. 35f.)

Das ist formuliert innerhalb der Nobel-Vorlesung 1973, in der er auf dem »Rest [...] Unerklärlichkeit« der Literatur besteht, »in den die Vernunft unserer Provenienz nicht eindringt«, der aber die »Vernunft der Poesie« und deren eigene Wirkungskraft ausmacht. Da Böll zudem gerade in Interviews, Reden und Essays spontan zu reagieren pflegte, niemals auf der Grundlage systematisierter theoretischer Überlegungen, sind Veränderungen, sogar Widersprüche bei zeitlich auseinanderliegenden Äußerungen zu eigenen Werken durchaus üblich.

Die folgende Übersicht über Bölls Äußerungen zu *Katharina Blum* skizziert die im Materialienteil der hier verwendeten Textausgabe enthaltenen Passagen und zitiert die übrigen vollständig:

1. 19. 10. 1974, Interview im »Bücherjournal«:

»Und was ich damit darstellen wollte, ist eigentlich das, was im Zusammenhang mit der Baader-Meinhof-Auseinandersetzung die schreckliche Rolle des Professor Brückner war, eines Menschen, der in Berührung gekommen ist mit den Baader-Meinhof-Leuten, der sie beherbergt hat, der eigentlich etwas ganz selbstverständliches getan hat, und auf eine Weise zerstört worden ist in seiner psychischen Situation [...] da kommt der Einstieg in diese Problematik: Nicht direkt die Gruppe, sondern alle die Leute, die fast wie Aussätzige behandelt worden sind« (zit. nach Beth, Rufmord S. 71 f.).

2. Interview mit Martin Durzak Anfang 1975, Textausgabe, S. 235 ff.:

»[...] es ist ja ein mythischer Stoff, das ist doch reiner Mythos das ganze.« (S. 236) Katharina als »reine Karrierefrau« und Verkörperung des Wirtschaftswunders. Sie wird »in eine solche Sache verstrickt, nicht ganz unschuldig übrigens«, »– das ist für mich der Einstieg«. (S. 237) Der Text »spielt in diesem Jahr, in dieser Zeit, in dieser bundesrepublikanischen Gegenwart«. Er ist – anders als etwa *Gruppenbild* – »ein Pamphlet in Form einer Reportage [...] ein politisches Pamphlet« (S. 239 f.).

3. *Drei Tage im März* (1975), Textausgabe, S. 218 ff.:

Es sei »ein Irrtum oder Mißverständnis, dieses Buch im Zusammenhang mit der Baader-Meinhof-Geschichte zu sehen«(S. 231), »die ganze BM-Geschichte« habe »mit Katharina Blum nur sehr wenig zu tun«. Böll habe von einem gelegentlichen Mitarbeiter die BILD-Zeitung und andere Boulevardblätter »auf eklatante Verleumdungen von unbekannten und bekannten Personen« durchsehen lassen (S. 232). »Und da habe ich mir überlegt, was wird aus diesen Menschen« (S. 233). Diese Geschichte habe er »regelrecht studiert, Material gesammelt, und daraus schließlich die Geschichte einer völlig unbekannten und belanglosen Zeitgenossin gemacht, die plötzlich einer solchen Verleumdung ausgesetzt wird. Insofern hat das natürlich einen autobiographischen Zug und einen biographischen Einstieg.« (ebd.) Er selbst könne sich in jedem Fall wehren, ein Mensch wie Katharina nicht. »Das war das Motiv«.

4. *Eine deutsche Erinnerung* (Oktober 1976):

»Katharina Blum ist mir sehr weit entrückt, weil diese Erzählung natürlich einen pamphletistischen Zug hatte, eine politische Aktualität, die nichts mit meiner Autobiographie zu tun hat. Das war für mich ein Thema, das mich sehr lange beschäftigt hat. Die Denunzierung von Menschen durch Medien. Das ist ein altes Thema übrigens, das ist ein uraltes Thema, im Grunde ein mythisches Thema, die Ehre eines Menschen, der sich nicht wehren kann, verletzt durch Klatsch, es ist ja im Grunde ein Klatschproblem« (J, S. 568).

5. Gespräch mit Viktor Böll am 22. 10. 1976:

»VIKTOR BÖLL: [...] sehe ich das richtig, wenn ich die Reaktionen, besonders in der BILD-*Zeitung*, auf deinen ›Meinhof‹-Artikel im SPIEGEL, den Fall ›Brückner‹ und außerdem die seltsamen Umstände, unter denen die Wohnung deines Sohnes Raimund von der Polizei durchsucht wurde, dazuzähle? Diese Hausdurchsuchung, die ja wahrscheinlich auch geplant war, fand sehr überstürzt statt, weil in einer Berliner Zeitung gestanden hatte, sie sei schon durchsucht worden.

HEINRICH BÖLL: Ja, es bezieht sich darauf, daß offenbar in dieser Zeit eine Zusammenarbeit zwischen Polizei und Presse stattfand. Nur das ist wichtig als Erfahrung. Und zwar, daß die Polizei die Presse informiert hat und über einen Vorgang, der noch gar nicht stattgefunden hat.

V. B.: Das sind aber Erfahrungen, die hinter der Erzählung stehen, ich meine auch ›Brückner‹ und ...

H. B.: Ja, natürlich. Nicht nur Brückner und unsere private Erfahrung, auch die Beobachtung der ganzen Presse in dieser Zeit. Da werden Leute verdächtigt, es wurde blindlings etwa ein Ladendiebstahl, den irgendeine Frau begangen hatte, oder begangen haben sollte, mit extremistischen Tätigkeiten vermischt. Also eine ganze, wie mir schien, geplante Denunzierungskampagne.« (J, S. 666)

6. Interview mit Gerrit Bussink am 15. 3. 1977, Textausgabe, S. 234 f.:
Böll »wußte, was [er] tat, als [er] die Erzählung schrieb« (S. 235). Er habe zeigen wollen, wie eine »unpolitische Person« »plötzlich zur politischen Verbrecherin gestempelt werden kann. Das ist das Problem des Buches.« (ebd.)

7. *Zehn Jahre später*, Nachwort 1984, Textausgabe, S. 259 ff.:
»Ein erzählerisch verkleidete[s] Pamphlet« in der »besten abendländischen Tradition« (S. 260). »Es ist [...] eine Liebesgeschichte mit dem ›Handlungskern‹ eines Groschenheftes« (S. 261). »Katharina macht sich [...] ›aus Liebe strafbar‹. Das gibt es. Es ist ein uraltes Motiv der Kriminal-Literatur.«

Die Ansätze zur Selbstdeutung bewegen sich mit unterschiedlicher Akzentsetzung zwischen den Polen »politisches Pamphlet« und »mythisches Thema«. Böll nimmt damit in einer der Streitfragen der Literaturwissenschaft für beide Seiten Partei. »Ein weiterer Beleg, der einigermaßen gesichert ausschließen kann, den aktuellen Anlaß in dem SPIEGEL-Artikel über Ulrike Meinhof zu sehen, stammt aus dem Jahre 1967 und ist völlig unverdächtig, im Laufe der aktuellen Motivationsdiskussion manipuliert in die Öffentlichkeit gesetzt worden zu sein: Böll entwirft bereits zu jenem Zeitpunkt einen ›deutschen Kriminalroman‹ mit dem Handlungskern: ›Kath. Massenblatt denunziert Arzt oder Anwalt‹«. Friedhelm Kicherer (S. 25) versucht so, die Diskussion um die Entstehungsgeschichte der Erzählung seinerseits geradezu kriminalistisch zu entscheiden. Ob der »Beleg« als Indiz ausreicht, mag dahinstehen. Dennoch läßt sich feststellen, daß die Auseinandersetzung mit den Praktiken der Boulevard-Presse den »Einstieg« abgab, daß die Erlebnisse im Zusammenhang mit dem BM-Artikel als »Erfahrungen«, als »Material« für einzelne Motive des Textes dienten, daß aber *Katharina Blum* nicht als »Rache an BILD« konzipiert war. Auf die Frage der Züricher Weltwoche vom 9. 2. 1972, ob »die Vorgänge der vergangenen Wochen eines Tages in einem Roman ihren Niederschlag finden« würden, hatte Böll geantwortet: »Nein. Allerdings könnte es sein, daß das eine oder andere in verwandelter Form zur *Rache* verwendet wird. Auch ein Schriftsteller möchte sich gelegentlich mal rächen« (Grützbach, S. 180). Das »nein« dieser Antwort haben die Rezensenten der Erzählung von 1974 nicht zur Kenntnis genommen. Dennoch hat Böll sich tatsächlich »gerächt« – nicht mit *Katharina Blum*, sondern 10 Jahre später, und dann kündigte er diese Absicht auch an:

»Ich widme dieses Buch all denen, die je in ›BILD‹ und ›BILD am Sonntag‹ verleumdet oder verhöhnt worden sind.«

Diese Widmung steht in dem Band *Bild Bonn Boenisch* (Borheim-Merten 1984).

Ein Moment der Textgeschichte verdient Erwähnung, weil es ein Licht auf Bölls

Arbeitsweise und die Aufnahme seiner Werke wirft: Das 24. Kapitel enthält die für die polizeiliche Beweisführung gegen Katharina Blum so wichtige Berechnung ihrer im PKW zurückgelegten Strecken (S. 63f.). Dabei enthielt die Erstausgabe zwar eine korrekte Rechnung, die aber auf der Grundlage sechsjähriger Benutzung des Wagens durch Katharina beruhte. Im 15. Kapitel (S. 34) hieß es jedoch: »Seit dem Frühjahr 1972 besitze ich einen Volkswagen ...«. Nachdem der Widerspruch alle Korrekturen passiert hatte, fiel er aufmerksamen Lesern auf. Stillschweigend veränderte man bei der ersten Taschenbuchausgabe (dtv, 1976) die Zahlen – aber nicht sorgfältig genug; denn S. 63, Z. 24, blieb fälschlich die Angabe »vor sechs Jahren« stehen. Erst die 2. Auflage der »Romane und Erzählungen« (Bd. 4, S. 43) ist endlich korrekt.

1.5.2 Literarische Vorbilder

Schon mit den Vorankündigungen im Mai 1974, die den anachronistisch wirkenden Titel enthielten und thematische Andeutungen wie »Böll über Liebe und Karneval« (Kölner Stadtanzeiger, 9. 5. 1974), wurde literarische Bildung zur Spurensuche animiert, und als erster wurde der Rezensent der ZEIT (2. 8. 1974), Rolf Michaelis, fündig:

> »Daß Böll sich mit seiner Erzählung, wie es der Titel ausspricht, in eine Tradition stellt, sei wenigstens angedeutet. Die im Mummenschanz des Karnevals ausbrechende Mord- und Kriminalgeschichte zwingt Lebenslust und Todesqual in den barocken Kontrast, den auch Zuckmayers ebenfalls am Rhein spielende ›Fastnachtsbeichte‹ (1959) nutzt. Wichtiger ist für Böll Schillers Vorbild in der 1786 erschienenen ›wahren Geschichte‹ vom ›Verbrecher aus Infamie‹, die seit der 1792 überarbeiteten Fassung den berühmten Titel trägt: ›Der Verbrecher aus verlorener Ehre‹. Von Schiller übernimmt Böll vier zentrale Motive: den Handlungsantrieb, verlorene Ehre wiederzugewinnen; die moralische Erkenntnis, der Verbrecher sei, wie Schiller sagt, ›ein Mensch ... wie wir‹; die Verschiebung des Akzents einer Kriminalgeschichte vom äußeren auf das innere Geschehen. [...] Der – historische – Räuber Johann Friedrich Schwan, Sohn eines Gastwirts [...] wird, [...] was auch Bölls Mörderin aus verlorener Ehre von Beruf ist: Hausknecht. Schließlich werden – bei Schiller und bei Böll – Gerichtsverhandlung und Urteilsspruch ausgespart.«

Der durch die Titelähnlichkeit so plausibel scheinende Hinweis auf Schiller vor allem wurde rasch aufgegriffen, verdichtete sich sogar (Zürichsee Zeitung, 1. 11. 1974) zur Schlagzeile »Verbrecherin aus verlorener Ehre«. Literaturwissenschaftliche und -didaktische Arbeiten haben die These späterhin immer wieder reproduziert, teils mit (Ludwig, S. 5; Köster, S. 615), teils ohne Hinweis auf die Urheberschaft von Michaelis (Kicherer, S. 26). Dabei blieben die Verweise auf Motivähnlichkeiten und Vergleichbarkeit der Intention durchweg innerhalb des von ihm gesetzten Rahmens. Das verwundert nicht – eher schon die Tatsache, daß die These so lange widerspruchslos und ohne Empfinden für einen gewissen Begründungszwang verbreitet wurde. 1976 wurde Bölls eigene Ansicht, die er 1975 in einem Interview geäußert hatte, bekannt. Manfred Durzak hatte gemeint:

»[...] Vielleicht läßt sich das mit einem Hinweis auf Schillers Erzählung *Der Verbrecher aus verlorener Ehre* zusätzlich verdeutlichen, ein Text, der dem Ihren ja wohl nicht ganz fern steht?

H. BÖLL: Vollkommen irrig.

M. DURZAK: Ist der Titel Ihrer Arbeit nur eine aus dem Leser-Unterbewußtsein hineingekommene Parallele?

H. B.: Ich glaube, daß es ganz andere Parallelen gäbe, die werde ich gar nicht nennen, weil das irreführend ist. [...] Ich bin kein Schillerianer [...]. Ich stehe nicht in dieser idealistischen Tradition [...]. Es mag sein, daß das Wort ›verlorene Ehre‹ bei mir irgendwann einmal hängen geblieben ist, zitiert wird aus der Schillerschen Erzählung. Das ist aber nicht das Problem.« (J, S. 327f.)

Michaelis' Hinweis auf »barocken Kontrast« und Zuckmayers »Fastnachtsbeichte« wurden nicht wieder aufgenommen, andere literarische Verwandtschaften dagegen ins Spiel gebracht: »Medea«, »Judith« (Baseler Bote, 24. 10. 1974) und – immer wieder – Kleists »Kohlhaas«. Die Begründungen dieses Vergleichs hat der Literaturdidaktiker Friedhelm Kicherer auf folgende Formel gebracht:

»Bei Kleists ›Kohlhaas‹ handelt es sich, wie Kleist ausdrücklich feststellt, um einen ›besonders rechtschaffenen Menschen‹, der sich bis zum Zeitpunkt der Verwicklungen habe nichts zuschulden kommen lassen. Das ist die erste Parallelität. Die zweite: Beide werden Opfer ihrer Gesellschaften [...] beide werden schuldig, weil sie in ihrer Ehre beraubt worden sind.« (Kicherer, S. 26)

Diesen literarischen Vergleich akzeptierte Böll in dem zitierten Gespräch mit Durzak – wenn auch mit etwas anderer Begründung: »Ich bin eher ein Kleistianer, ich weiß nicht mit welchem Annäherungserfolg. [...] wenn schon Kleist, dann eher Michael Kohlhaas, wobei ja bei Kleist der Kohlhaas durchaus kein reiner Mensch ist, sondern ein schrecklicher.« (J, S. 328)

Die Versuche, mit Blick auf die literarische Tradition eine Quelle für den Stoff zu identifizieren, haben wenig plausible Ergebnisse gezeitigt. Sie bewegen sich auch notwendig nur an der Peripherie von Bölls literarischer Praxis, für die der »Stoff« sekundär ist (s. o., S. 10). Das spricht jedoch nicht gegen die Suche nach Motivähnlichkeiten und thematischen Beziehungen, schärft dies doch den Blick für die »durchgehende [...] mythologisch-theologische Problematik«, die Böll in seinem Werk für »immer präsent« angesehen hat (J, S. 516).

1.5.3 Die Verfilmung

Schon der Begleitartikel zum Vorabdruck im SPIEGEL kündigte an, daß »mehrere deutsche Fernsehanstalten [...] bereits ihr Interesse an einer Verfilmung« bekundet hätten. Zugleich übertrug er die »Skandal«-Aura auf das Filmprojekt durch den Hinweis, daß die »TV-Macher [...] nicht das ganze Werk adaptieren« wollten; der Verleger habe referiert, Bölls Vorspann mit dem Hinweis auf die BILD-Ähnlichkeit sei »für eine öffentlich-rechtliche Anstalt unmöglich« (28. 7. 1974). Im September übernahm Volker Schlöndorff die Regie für das

Filmprojekt; am 10. 10. 1975 lief der Film an. Zur Konzeption des Films berichtet der Regisseur:

»[...] obwohl vieles in Bölls Erzählung – wie Rückblenden, Collagen aus Protokollen, Zeitungsartikeln usw. – früher als filmisch galt [...], haben Margarethe von Trotta und ich (zusammen mit Böll) uns für das Drehbuch für eine gradlinige unmittelbare Erzählweise entschieden. Wenn man so will, macht der Zuschauer mit Katharina eine Entdeckungsreise und wird mit ihr vom Beobachter zum Betroffenen.« (Frankfurter Rundschau, 7. 2. 1975)

Tatsächlich wird dem Film Erzeugung von »Spannung und Betroffenheit« attestiert, als Resultat der »konsequenten *Personalisierung*, die auf Identifikation bzw. Gegenidentifikation setzt« (Köster, S. 617). »Daß der Film streckenweise unter die Haut geht, ist vor allem auch ein Verdienst von Hauptdarstellerin Angela Winkler« (Tagblatt, Linz, 17. 3. 1976). Aber auch die anderen Darsteller – Dieter Laser (Tötges), Mario Adorf (Beizmenne), Hannelore Hoger, Rolf Becker, u. a. – tragen wesentlich zur eindringlichen Wirkung des Films bei. Dabei sind – wie immer bei Literaturverfilmungen – die Meinungen über den »Rang« des Films gegenüber dem Buch sehr kontrovers und abhängig vom jeweiligen Vorurteil gegenüber dem einen oder dem anderen Medium. Der Film war die erste Koproduktion im Rahmen des 1974 geschlossenen »Film- und Fernsehabkommens«, d. h. Produktionsfirma, Verleih und WDR bestritten – mit unterschiedlichen Anteilen – die Produktionskosten. Das ermöglichte die Ausstrahlung des Films im ARD-Programm – zum erstenmal am 28. 5. 1978.

1.5.4 Theaterfassung und Oper

Margarethe v. Trotta, die am Drehbuch des Films mitgearbeitet hatte, schuf 1975 auch eine Bühnenfassung des Textes, die nach Werkstattaufführungen in Bonn (Mai 1976) erst am 11. 9. 1986 im Kölner Theater Der Keller in einer größeren Inszenierung herauskam. Entsprechend knüpft das Stück »eher an den ›Katharina Blum‹-Film Volker Schlöndorffs an [...] als an Bölls Prosa« (Kölner Stadtanzeiger, 13./14. 9. 1986). Regie in dieser Inszenierung führte Wolfgang Trautwein; Bühnenbild: Gabriel Feuerstein; Darsteller u. a.: Renate Cromm (Katharina), Stefan Köhler (Tötges), Alexander Lauschen (Beizmenne). Im Unterschied zum Film tritt Ludwig Götten nicht in Erscheinung. Trotz der eher geringen Resonanz spiegeln sich auch dem Stück gegenüber die gegensätzliche Einschätzung von Autor und Text, und so steht gegen das Urteil: »Die spannende Geschichte wirft ein Schlaglicht auf bundesdeutsche Probleme« des Kölner Stadtanzeigers die Bemerkung der Kölnischen Rundschau (14. 9. 1986): »Er läßt sich von der Schwarz-Weiß-Malerei Bölls so richtig einlullen«.

Neben dieser wenig erfolgreichen Schauspielversion gibt es seit nunmehr 12 Jahren weitere Bemühungen, *Katharina Blum* auf die Bühne zu bringen: als Oper. Hans Werner Henze, der die Musik der Filmversion komponierte, trug sich nach dem Filmerfolg mit Opernplänen, brachte dann aber nur eine Konzert-Suite heraus. Zur gleichen Zeit begann der 1977 aus der DDR übergesiedelte Komponist Tilo Medek zusammen mit seiner Frau, der Dramaturgin Dorothea Medek, die das Libretto schrieb, mit der Arbeit. 1979, die Welle der Verrisse von Bölls Roman *Fürsorgliche Belagerung* war gerade auf ihrem Höhepunkt, schrieb Böll an Medek: »Ich bin gespannt, ob noch irgendeiner die Oper riskiert« (fermate – Musikmagazin für das Rheinland, April 1985). Tatsächlich zog das Opernhaus Stuttgart seine grundsätzliche Zusage wieder zurück. Böll selbst unterstützte den Opernplan, und die Medeks berichteten, wie sie ihn gewannen:

»Wir erzählen Ihnen mal eine ganz andere Leseart, die haben wir Böll erzählt, und der fand sie sehr schön: es ist das deutsche Gretchen, was in eine Konstellation heute kommt. Der fabelauslösende Moment ist, daß es liebt, plötzlich liebt. Alles passiert nur, weil die Gesellschaft in ihren verwickelten Strukturen dieses Moment nicht berücksichtigt. Das ist praktisch eine Romeo- und Julia-Situation auf heutiger Ebene.« (taz, 23. 8. 1986)

Das Gelsenkirchener Musiktheater im Revier plante, die Oper im Juni 1986 bei den Ruhrfestspielen aufzuführen. Im September 1985 wurde die Uraufführung abgesagt, weil das Werk nicht rechtzeitig fertig wurde. Im März 1987 wurde die Aufführung für den 8. Mai 1988 angekündigt, im Februar 1988 jedoch wiederum abgesagt, da »die Partitur nicht, wie vereinbart, vier Monate vor der Premiere vorgelegen habe« (Kölner Stadtanzeiger, 4. 2. 1988). »Das neue Gretchen ist nicht pflegeleicht«, überschrieb der Rheinische Merkur seinen Bericht über die Opernpläne (18. 9. 1987). Die Uraufführung erfolgte endlich im April 1991 in Bielefeld.

»Dorothea Medek hat das Geschehen in fünf Tage unterteilt, das Figurenwerk verschlankt und für den Text hauptsächlich Kernsätze aus Bölls Erzählung herausgesucht. So erleben wir eine glasklare, von keinerlei Abschweifung getrübte Story. Und die Medeks finden im Gegensatz zu Film und Sprechtheater Zeit, das für Böll entscheidende Motiv des gesellschaftlichen Niedergangs des mit Katharina sich solidarisierenden Rechtsanwalts Blorna und seiner Frau in das bitter satirische Schlußtableau einer Vernissage zu packen: als Nachspiel.« (Der Tagesspiegel, 24. 4. 1991)

2 Wort und Sachkommentar

Die verlorene Ehre der Katharina Blum oder: Wie Gewalt entstehen und wohin sie führen kann wird zitiert nach der Ausgabe Köln: Kiepenheuer & Witsch 1984 – KiWi Nr. 62, mit Seiten- und Zeilenzahl

18 /20 *Amortisation*: hier: Tilgung einer Schuldsumme.

19 /9 *Asservatenkammer*: polizeilicher oder gerichtlicher Aufbewahrungsort für Beweismittel.

27 /4 *Napoleon*: Napoleon Bonaparte (1769–1821), von 1804–1814/15 franz. Kaiser. /5 *Christina*: (1626–1689), von 1632–1654 Königin von Schweden.

47 /10 *front-page-story*: Bericht oder Artikel auf der 1. Seite einer Zeitung, »Aufmacher«.

60 /13 *Traiteur*: (franz.) Betreiber einer Stadtküche./*Restaurateur*: hier: Restaurantbesitzer.

88 /6 *Handwerkskammer*: Selbstverwaltungsorganisation der Handwerksbetriebe eines Bezirks, für Ausbildung und Prüfungen zuständig.

98 /18 *Scheichkostüme*: sind »in dieser Karnevalssaison [...] aus naheliegenden Gründen« beliebt, da die erste »Ölkrise« (s. o., S. 13) von 1973 dieses Gewand aktuell machte.

105 /17 *Kreml-Tante*: östliche Attribute, in diesem Fall die Wortverbindung mit dem sowjetischen Regierungssitz, galten bis Anfang der 80er Jahre als besonders ehrenrührige Beschimpfungen. /21 *Stalin*: eigentlich Iossif Wissarionowitsch Dschugaschwili (1879–1953), ab 1922 als Lenins Nachfolger Generalsekretär der KPDSU.

118 /1 *perdu*: (franz.) verloren.

125 /3 *Exklusiv-Interview*: wird ausschließlich nur *einer* Zeitung gegeben. /26 *Pressefreiheit*: in der Bundesrepublik durch Art. 5 des Grundgesetzes gesichertes Grundrecht.

134 /25 *Königskinder*: deutsches Volkslied aus dem Spätma. (»Es waren zwei Königskinder, die hatten einander so lieb. Sie konnten zusammen nicht kommen, das Wasser war viel zu tief«; eine »falsche Nonne« löscht die Kerze, die das Mädchen ins Fenster stellt; »der Jüngling ertrank so tief«.)

135 /4 *Palatschinken*: (Österr.) Pfannkuchen.

136 /10 *Anarchistencode*: code (franz.) Geheimsprache; Anarchisten: eigentlich Anhänger einer sozialphilosophischen und politischen Theorie, die eine herrschaftsfreie Gesellschaft anstreben; seit den 70er Jahren fälschlich auf terroristische Gewalttäter bezogen.

138 /8 *Gewerkschaft Öffentliche Dienste, Transport und Verkehr*: (ÖTV), Gewerkschaft im Deutschen Gewerkschaftsbund. /14 *Fuldaer Bischofskonferenz*: Beschlußorgan der kath. deutschen Bischöfe, tagt seit 1867 im hessischen Fulda. /15 *Zentralkomitee deutscher Katholiken*: Dachorganisation der kath. Laien.

179 /16 *Bonvivant*: (franz.) jemand, der das Leben zu genießen versteht.

179 /13 *»one minute piece of art«*: (engl.) »Ein-Minuten-Kunstwerk«.

3 Struktur des Textes

»Titel, Untertitel, Motto, diese drei scheinbaren Kleinigkeiten, sind wichtige Bestandteile der Erzählung. Sie *gehören* dazu. Ohne sie ist die pamphletistische Tendenz [...] nicht verständlich. Wer sich mit dieser Erzählung beschäftigt, sollte sich zunächst mit diesen drei vor-gesetzten Elementen beschäftigen, sie sind schon fast eine Interpretation.« (Nachwort, S. 267)

Es wäre leichtfertig, dieser Anleitung Bölls nicht zu folgen, zumal es sich hier nicht um einen plötzlichen Einfall *»Zehn Jahre später«* (S. 259) handelt, sondern um den Verweis auf die häufig geübte Praxis, seinen Texten einen interpretatorischen »Apparat« mitzugeben: Motti trugen *Wo warst Du, Adam?*, *Ansichten eines Clowns* und nach *Katharina Blum* sämtliche größere Arbeiten; auf Interpretationshilfen und »Einführungen« wurde schon verwiesen (s. o., S. 11)

3.1 Titel und Untertitel

Wenn auch der Blick auf Schillers *Der Verbrecher aus verlorener Ehre* bei der Suche nach literarischen Vorbildern irregeführt hat, so bietet doch gerade die Titelähnlichkeit eine Kontrastfolie zur Verdeutlichung: Schillers Titel kündigt ein Verbrechen an und seine soziale Motivation, wobei »Ehre« als eine absolute, wenigstens generelle Kategorie gesetzt ist. Böll schreibt von der Ehre Katharina Blums; er individualisiert und konkretisiert den Ehrbegriff. Es ist *ihre* Ehre: »Ich glaube nicht, daß jemand seine Ehre und seine Integrität durch einen Mord wiederherstellen kann. Die Katharina muß das machen. Sie.« (Textausgabe, S. 229) Das akzentuiert den Einzelfall, soll auch falschen Identifikationen vorbeugen, denen Bölls Werke immer wieder begegnet sind – zu seinem steten Ärger über den »dümmste[n] aller Fehler, [...] Autor und ›Held‹ *total* zu identifizieren« (s. u., S. 53). Der Mord ist »in der Versinnlichung dieser Person logisch« (Textausgabe, S. 227). Verallgemeinerung soll jedoch ausgeschlossen sein; denn man kann »natürlich nicht durch einen Mord, und wäre es ein Mord am schlimmsten Schwein, seine Integrität wieder herstellen« (ebd., S. 229). Genutzt hat die durchdachte Kostruktion des Titels der Absicht Bölls nicht viel; für die Identifikation von Autor und Figur ist Karl Carstens Fehlleistung (s. o., S. 6) nur ein Beispiel von vielen. Die Konstruktion verlangt erhöhte Aufmerksamkeit des Lesers, zumal Titel und Untertitel entgegengesetzte Aspekte thematisieren, die, für Böll gleichermaßen bedeutsam, durch die nur barock anmutende Titelkonstruktion ausbalanciert werden: Stellt der Titel den individuellen Fall heraus, so hebt der Untertitel dessen exemplarischen Charakter hervor – »Wie Gewalt entstehen und wohin sie führen kann«. Im Unterschied zur spezifischen Ehre Katharinas wird »Gewalt« allgemein gefaßt, mehr noch: der Gewaltbegriff erscheint über das generelle Verständnis (der 70er Jahre) hinaus erweitert. Der

Begriff »Gewalt« im Untertitel meint ja nicht den Mord; der ist vielmehr das, »wohin sie führen kann«. »Gewalt« sind die Artikel der ZEITUNG; wie sie »entstehen« konnten, dafür gibt die Erzählung ein Exempel, ebenso für die möglichen Folgen. »Über die Gewalt von SCHLAGZEILEN ist noch zu wenig bekannt, und wohin die Gewalt von Schlagzeilen führen kann, darüber wissen wir nur wenig« (Nachwort, S. 266). Daß diese Feststellung Bölls nicht nur der nachträgliche Reflex auf die öffentlichen Vorwürfe der Unterstützung von Gewalt ist, beweist Bölls Rede auf dem Parteitag der SPD in Dortmund am 12. 10. 1972: *Gewalten, die auf der Bank liegen*. Neben der »Gewalt und Gewalten, die auf der Bank liegen und an den Börsen hoch gehandelt werden« (E II, S. 605), sprach er auch dort schon die »massive publizistische Gewalt einiger Pressekonzerne« an. Indem der individuelle »Fall« in den Kontext der Gewaltdiskussion der 70er Jahre gestellt wird, entsteht in der Tat die »pamphletistische Tendenz« (Nachwort, S. 267) der Erzählung. Dabei verhalten sich Titel und Untertitel dialektisch zueinander. Anders als bei den barocken Untertiteln, die nach einem »oder«, bzw., »das ist« eine Explikation des Titels enthalten (bis hin zu einer gerafften Inhaltsangabe), faßt Böll die beiden Aspekte seiner Erzählung zusammen: individuelle Gestaltung eines Falls aus einem »mythischen Thema« *und* politisches Pamphlet.

(publizistische Angriffsliteratur, polemisch)

3.2 Das Motto

Als drittes von »drei vor-gesetzten Elementen« hebt Böll in seinem Nachwort zur Textausgabe »ein Motto« hervor und zitiert es dort vollständig:

> »Personen und Handlung dieser Erzählung sind frei erfunden. Sollten sich bei der Schilderung gewisser journalistischer Praktiken Ähnlichkeiten mit den Praktiken der ›BILD‹-Zeitung ergeben haben, so sind diese Ähnlichkeiten weder beabsichtigt noch zufällig, sondern unvermeidlich.« (S. 266)

Das ist unverkennbar die wenig, aber entscheidend veränderte Version (d. h. die Parodie) der für Kino- und Fernsehfilme üblichen Formel: »Personen und Handlung dieses Films sind frei erfunden. Etwaige Ähnlichkeiten mit wirklichen Personen oder Ereignissen sind unbeabsichtigt und rein zufällig.«

Dieser Satz im Vor- oder Abspann soll als »salvatorische Klausel« vor etwaigen Beleidigungs- und Schadensersatzklagen sich »betroffen« fühlender Personen schützen. Gerade diese Funktion ist durch das »unvermeidlich« dementiert. Daß Böll seine Formel als »Motto« begreift, macht deutlich, daß es ihm nicht nur um den Lacheffekt der Parodie geht. Die salvatorische Klausel errichtet durch den zweifachen Verweis auf völlige Fiktivität sozusagen eine Barriere vor der Wirklichkeit, um Ansprüche aus der Realität auf die Fiktionswelt abzuwehren. Bölls Satz betont im Gegensatz die »unvermeidliche« Verbindung von Fiktion und Wirklichkeit. Das ist über das Wortspiel hinaus von grundsätzlicher Funktion, steht in der Tat als Motto, als charakterisierender »Sinnspruch«, vor der Erzählung und darüber hinaus vor einem großen Teil des Gesamtwerks, indem es für die »Wirklichkeit der Fiktion« plädiert. Daß dies die Relevanz der Formel nicht überstrapaziert, zeigt die »Fortschreibung«, die sie in den folgenden Romanen gefunden hat:

»Personen, Situation, Handlungen, Probleme und Konflikte in diesem Roman sind freie Erfindungen des Autors. Sollten sie irgendwo mit der sogenannten Wirklichkeit auch nur annähernd übereinstimmen, so ist der Autor daran – wie immer – unschuldig« (*Fürsorgliche Belagerung*, 1979).

»Da *alles* in diesem Roman fiktiv ist, nur nicht der Ort, an den die Fiktion gestellt ist, bedarf es keiner der üblichen Schutzformeln. Der Ort ist unschuldig, kann sich nicht betroffen fühlen.« (*Frauen vor Flußlandschaft*, 1985)

3.3 Der Text

Den »Handlungskern« (Nachwort, S. 261) der Erzählung faßt diese selbst in der kürzestmöglichen Form im 3. Kapitel zusammen, das »zunächst einmal« die »Tatsachen« darbietet (S. 11f.) und die Chronologie der vier Tage skizziert. Darüber hinausgehende »Inhaltsangaben«, die das kompliziertere System von Rückblenden, Zeitsprüngen etc. nachvollziehen, sind in der Sekundärliteratur zahlreich vorhanden, am ausführlichsten bei F. Kicherer (S. 28–60). Die deutliche Gliederung des Textes durch 58 Kapitel macht es zudem leicht, sich mit einem kurzen Blick den jeweiligen Inhalt des einzelnen Kapitels ins Gedächtnis zu rufen. Insofern kann hier der »Inhalt [...] geschenkt« (E II, S. 38) bleiben. Die Struktur des Textes erschließt sich auch weniger über den in diesem Fall buchstäblich im 3. Kapitel »vorausgesetzten« Inhalt, sondern über die Form, die der Text selbst in ungewöhnlicher Ausführlichkeit reflektiert, und das an der Stelle, die größtmögliche Aufmerksamkeit verbürgt: am Beginn.

»Für den folgenden Bericht gibt es einige Neben- und drei Hauptquellen, die hier am Anfang einmal genannt, dann aber nicht mehr erwähnt werden.« (S. 9)

Tatsächlich werden die »genannten« »Quellen« nicht mehr »erwähnt«, die Metapher jedoch und ihre Entfaltung und Entwicklung bestimmt den Gang der Erzählung.

»Wenn der Bericht – da hier soviel von Quellen geredet wird – hin und wieder als ›fließend‹ empfunden wird, so wird dafür um Verzeihung gebeten: es war unvermeidlich.« (S. 10)

Dieser Einleitungssatz des 2. Kapitels nimmt das »unvermeidlich« des Mottos wieder auf – mit Bedacht, denn auch bei der Quellenmetapher handelt es sich um eine der unvermeidlichen Ähnlichkeiten von Fiktion und Wirklichkeit: »Hier springt eine klare Quelle«, lobte der damalige Bundespräsident Lübke, als er am 6. 10. 1966 zur Einweihung des Verlagshauses Axel Springer in Berlin öffentlich gratulierte (Der Tagesspiegel, 7. 10. 1966). Damals bundesweit meist ironisch als

›Wort der Woche‹ zitiert, erinnerte sich 1974 und später kaum jemand mehr an diesen Auspruch, wie die manchmal etwas weitschweifenden Erklärungs- und Deutungsversuche von Literaturwissenschaftlern und -kritikern belegen. Für Böll jedoch lag hier unzweifelhaft der sprachliche »Einstieg« in die Erzählung. Am Beispiel der ein Jahr nach *Katharina Blum* erschienenen Satire *Berichte zur Gesinnungslage der Nation* hat Böll den Entstehungsprozeß vom sprachlichen Anlaß zum endgültigen Werk in einer Weise beschrieben, die Licht auch auf *Katharina Blum* wirft: Bilder des Malers Rupprecht Geiger, der »was rot an Farbe, an Material bedeutet, in diesen fast monochromen Bildern« ausdrückt, habe ihn zum Wörterbuch der Brüder Grimm greifen lassen, und er »entdeckte plötzlich ein Wort, das heißt: rotfaul. Und ich dachte, mein Gott, das ist eigentlich der richtige Ausdruck, den ein Spitzel gebrauchen würde, wenn er über Radikale spricht. [...] Damit war die Geschichte placiert, und dann war das Schreiben fast nur noch ein Spiel.« (J, S. 658) Er habe sich dann »noch einmal vergewissert über die Geschichte der Satire in der abendländischen Kultur [...] und habe dann eine der wenigen klassischen deutschen Satiren noch einmal gelesen, nämlich die *Briefe der Dunkelmänner*« (ebd., S. 659). Dieser Bericht assoziiert nicht nur die »Farbeffekte« im 3. Kapitel von *Katharina Blum* (»jedermann weiß doch, was viel rotes Blut auf viel Weiß anrichten kann«, S. 13), sondern er korrespondiert auch mit der Bedeutung, die Böll im Nachwort *Zehn Jahre später* der »abendländischen Tradition« des Pamphlets und der Streitschrift für seine Erzählung zuweist. Die *Dunkelmännerbriefe* (*Epistolae obscurorum virorum*, 1515–1517) nutzten Sprache und Denkweise einer konservativen, engstirnigen und beschränkten Geistlichkeit, um diese sich selbst ad absurdum führen zu lassen. Dieses Verfahren der »mimischen Satire« verwendet Böll kongenial in den *Berichten zur Gesinnungslage der Nation*. Doch schon in *Katharina Blum* nutzt er wichtige Momente des gleichen Verfahrens: Die »Ähnlichkeiten mit den Praktiken der ›Bild‹-Zeitung« sind praktizierte mimische Satire. Dabei konzentriert sich Böll auf einen, freilich herausragenden, Komplex von BILD: die Perversion des »investigativen«, also des »Enthüllungsjournalismus«: »DIE ZEITUNG BLEIBT WIE IMMER AM BALL! *Sämtliche Hintergrundinformationen in der morgigen Wochenendausgabe.*« (S. 49)

Für jeden investigativen Journalismus, auch für den moralisch unstrittigen, sind »Quellen« eine so entscheidende Voraussetzung, daß das Wort schon längst inflationär geworden ist: »Aus gewöhnlich gut unterrichteter Quelle ...«, »aus sicherer Quelle wird bekannt ...«, »bundesdeutsche Quellen berichten ...« usw., d. h., »Quelle« ist gleichsam wertneutraler Terminus technicus, der erst in der konkreten Anwendung wertend definiert werden kann als »sichere«, »vertrauenswürdige«, aber auch als »obskure« oder »trübe Quelle«. Die lobhudelnde Kennzeichnung des BILD-Verlagshauses als »klare Quelle« stellt aus Bölls Sicht (und nicht nur seiner) die gültige Werteskala auf den Kopf; es galt für ihn, die angeblich »klare Quelle« ihrem wirklichen Charakter entsprechend zu charakterisieren, ohne pauschal die Zeitungen, den Journalismus, die »Quellen« zu treffen. Die gewählte Form ist das Mittel, dies zu erreichen; das »Spiel« mit den Quellen im

2. Kapitel – Walter Jens spricht von einer »sprachlich leider verunglückten Rechenschaft über die gewählte Erzählweise« (Textausgabe, S. 245) – soll gerade in seiner sprachlichen Auffälligkeit auf das aus der Quellenmetapher abgeleitete Erzählprinzip aufmerksam machen.

Von den »Haupt-« und »Nebenquellen« des 1. Kapitels (S. 9) läßt er sich sprachlich-assoziativ zu weiteren Aspekten des Wasserlaufs führen: über »Quellen« und »Fließen«, »Konduktion« als flüssige Variante der Komposition, zu »Pfützenwasser«, »Abflußrinne«, »Niveauunterschiede« und »unterirdischen Strömungen« (S. 10f.)

Damit ist der quellengerechte Bericht ebenso beschrieben wie die »gutterpress« (Gossenjournalismus). Und beide Elemente der entwickelten Metapher, die »Zusammenführung« unterschiedlicher »Quellen« und die Herausstellung des »Niveauunterschieds«, verfolgt der gesamte Text weiter, wobei, wie in den ersten beiden Kapiteln, weitere Signale sprachlicher Auffälligkeit die Aufmerksamkeit des Lesers steuern. Daß sich neben Walter Jens so viele Rezensenten gerade an diesen Formulierungen gestoßen haben, zeigt ihre Wirksamkeit – allerdings in die falsche Richtung. Die Architektur des Textes läßt sich durch die zweifache Perspektive der »Zusammenführung von Quellen« und der »Niveau«-Bewertung deutlich machen. Das folgende Diagramm skizziert dies. Dabei geben die beiden ersten Spalten mit KAPITEL-Nummer und einer ZEIT-Angabe eine Orientierung zum Ablauf, dessen Struktur sich aus den übrigen vier Spalten ergibt, in denen QUELLE und GOSSE getrennt sind durch ERZÄHLERBERICHT und ERZÄHLERKOMMENTAR. Für jedes Kapitel wird ein Textstichwort einer der vier Spalten zugeordnet und ggf. durch ein × angezeigt, ob die Informationen durch ERZÄHLERBERICHT oder ERZÄHLERKOMMENTAR vermittelt werden, bzw. ob sie (eine ×-Kennzeichnung fehlt) als unmittelbares Zitat aus QUELLE oder GOSSE (= Zeitung) erscheinen. Die ZEIT-Angaben unterscheiden zwischen der Ebene der »erzählten Zeit« – also Mittwoch, 20. 2. 1974, bis Sonntag, 24. 2. 1974, dazu kommen noch »Verg.« (Vergangenheit, also die Vorgeschichte der Tat) und »o. A.« (= ohne Angabe, wenn ein genauerer Hinweis im Text fehlt) – und der Erzählzeit, die als »Gegwt.« (= Gegenwart) gekennzeichnet ist.

KAPITEL	ZEIT	QUELLE	ERZÄHLERBERICHT	ERZÄHLER-KOMMENTAR	GOSSE
1	Gegwt.		Quellenmetapher		
2	Gegwt.		Explikation der Metapher		
3	Gegwt.		»Die Tatsachen«	»Niveauunterschiede«, »Blut«	
4	Aschermittw.	Hach, Taxifahrer über den »2. Mord«	X		
5	o.A.	Karnevalsfunktionär			
6	o.A.		X		Zeitung hält an Version eines 2. Mordes fest
7	Gegwt.			von »niedrigem zu höherem Niveau«. »Weg mit dem Blut«	
8	Mi.	Blorna, Hiepertz, Woltersheim: Vorbereitung zur Faschingsparty	X		
9	Mi. 19.00-22.00	Polizeiprotokoll: Tanz mit Götten	X		
10	ab Mi.		das Abhörverfahren (»Zäpfchen«)		
11	Do.	Polizeiprotokoll: Stürmung von Katharinas Wohnung	X		

12	Do.	Hach: Beizmennes »Frage«	X
13	Do.		Wohnungsdurchsuchung
14	Do. 11.15		Verhaftung
15	Do. 11.45-17.45	Vernehmungsprotokoll: Angaben zur Person	
16	Do. 12.30-13.30	Hach, Polizisten: Mittagspause »humorlos«	X
17	Do. nach 17.45	Vernehmungsprotokoll: über »Zudringlichkeiten«	X
18	dto.	Vernehmungsprotokoll: »Definitionskontroverse«	X
19	davor	Polizei: Vernehmung der Hausbewohner	X
	Do. nach 17.45	Vernehmungsprotokoll: »Herrenbesuch«	X

KAPITEL	ZEIT	QUELLE	ERZÄHLERBERICHT	ERZÄHLER-KOMMENTAR	GOSSE
20	Do. später	Moeding, Woltersheim: Katharinas Heimweg	X		
21	Do. 15.30	Blorna	X		Reporter der ZEITUNG an Blornas Urlaubsort
22	Fr. 9.30	Blorna	X		ZEITUNGS-Artikel vom Freitag
	Nachm.	Blorna: Rekonstruktion des Vormittags			
	16.30-nachts	Blorna: Bahnfahrt nach Hause			
23	Sa. morgens	Blorna: Weg vom Bahnhof nach Hause	X		Schlagzeilen der ZEITUNG vom Samstag
	8.15	Blorna: Frühstück, ZEITUNGS-Lektüre	X		kompletter Artikel vom Samstag
24	Gegwt.			»Rückstau«	
	Fr. morgens	Polizistin Pletzer	X		
	Gegwt.		erinnernder Hinweis auf »Strapazen« der Blornas		

	Fr. Vorm.	Vernehmungsprotokoll: Liste der beschlagnahmten Gegenstände	X		
	Verg.	Entwicklung der Handschrift. Finanzielle Korrektheit. Der »einsitzende« Bruder	X		
	Fr. Vorm.	Berechnung der Fahrkilometer. Der Ring. Der Mittwoch aus Katharinas Sicht	X		
25	Gegwt.			»Gewisse Stauungen . . . Spannungen«	
	Fr. morgens	Abhörprotokoll	Ludwigs Anruf	nicht nach Quellen »abforschen«	»Durchstich eines Nebenpfützenstaus«
26	Gegwt.		Blorna und Frau Woltersheim wußten um die Strafbarkeit		
	o.A.	Woltersheim	Katharina über Götten: »er war es eben, der da kommen soll«		

KAPITEL	ZEIT	QUELLE	ERZÄHLERBERICHT	ERZÄHLER-KOMMENTAR	GOSSE
27	Fr. später Vorm.		Abschluß von Katharinas Vernehmung. Sie verlangt, »ihre verlorene Ehre wiederherzustellen«		
	dto.	Polizeiassistentin Zündach: zeigt Katharina seriöse Zeitungsmeldungen	X		
28	Fr. später Vorm.	Vernehmungsprotokoll: Verhör Frau Woltersheim	X		
29	Fr. später Vorm.	Vernehmungsprotokoll: Verhör Hertha Scheumel über den Hausball	X		
30	Fr. später Vorm.	Vernehmungsprotokoll: Verhör Claudia Sterm	X		
31	Fr. später Vorm.	Vernehmungsprotokoll: Verhör von 3 Teilnehmern des Hausballs	X		
32	Fr. Nachm.	Vernehmungsprotokoll: Katharina bestätigt vorige Zeugenaussagen	X		

33	Fr. Nachm.		die Rolle des Scheichs. Beizmenne über die Überprüfung von Göttens Kontaktpersonen		
34	Gegwt.			erster Rückstau beendet	
	Fr. Nachm.		Katharina über telefonische Belästigungen		ZEITUNGS-Ausschnitte in Katharinas Briefkasten
35	Fr. Nachm.		Katharina demoliert ihre Wohnung		
36	Gegwt.		Spekulation über den Zeitpunkt des Mordplans		
37	Gegwt.			»Rückstau« noch nicht beendet	
	Fr. Abend		Abend mit Frau Woltersheim und Beiters		
	nachts		anonyme Anrufe		
	Sa. früh		Katharina stiehlt eine ZEITUNG		
38	Sa. morgens	Blorna: »ungemütlicher Tag«, Trude Blorna über Göttens Fluchtweg, über den »Herrenbesuch«	X		
39	Gegwt.			es soll wenig Blut fließen. Pflicht der Berichterstattung	
	Sa. morgens	Blorna: Sträubleder trifft ein	X		

KAPITEL	ZEIT	QUELLE	ERZÄHLERBERICHT	ERZÄHLER-KOMMENTAR	GOSSE
40	Gegwt.	Sträubleder: »du mußt das nicht so schwer nehmen mit der ZEITUNG«		»Warum kommt einem plötzlich sein eigenes Arbeitszimmer so scheußlich vor«	
	Sa. morgens	Blorna: Gespräch mit Sträubleder	X		
41	Gegwt.			»technische Zwischenbemerkung« über handlungsstarke Geschichte. Die Rolle des Berichterstatters, etc.	
42	Gegwt.			»Kanalarbeit«	
	Do. und Fr.		X		Tötges als »Todesherbeiführer« bei Katharinas Mutter
43	Gegwt.			»Hier soll absolute Gerechtigkeit walten«. Überlegungen zum Gewißheitsgrad der Annahme zu Tötges	
44	Sa. mittags		Die Blornas, Katharina, Frau Woltersheim treffen »endlich« zusammen		
	Nachm.		Katharina bei Dr. Heinen		
	Abend		Katharina über Sträubleder		

45	Gegwt.			ein »netter Abend«, Götten verhaftet, Katharinas Mutter tot, die Lage »entspannt«	
	Sa. abend	Blorna: es gelingt ihm nicht, Katharina vom Interview mit Tötges abzubringen	X		
46	Sa. abends		Katharina verbringt den Rest des Abends ruhig		
47	So. morgens		Katharina liest SONNTAGS-ZEITUNG.		Artikel der SONNTAGSZEITUNG
48			Beizmenne »später« über die Beobachtung Göttens und die Zusammenarbeit mit der ZEITUNG		
49	Gegwt.			»Da man nicht sicher sein kann«. Rekapitulation der Aktivitäten der ZEITUNG	
	So. mittags	Blorna: läßt sich von Frau Woltersheim die SONNTAGS-ZEITUNG vorlesen. Bastelt einen Molotowcocktail	Katharina im Journalisten-lokal		
50	o.A.	Blorna: fährt zum Pfarrer von Gemmelsbroich, der Kommunisten »riechen« kann			

KAPITEL	ZEIT	QUELLE	ERZÄHLERBERICHT	ERZÄHLER-KOMMENTAR	GOSSE
51	Gegwt.			Gewalttätigkeiten können nicht verschwiegen werden. »Gewisse Niveauverletzungen oder -verlassungen«	
	o.A.		Gerüchte über Blornas geplante Scheidung		
52	o.A.		Blornas »Degradierung« und wirtschaftlicher Abstieg		ZEITUNG: »Fließen die roten Quellen nicht mehr?«
53	o.A.	Blorna: über Katharina in der Haft			
54	o.A.	Hach: über die Ermittlungen zu Göttens Straftat			
55	Gegwt.		Frau Woltersheims Lage		
56	o.A.		Blorna schlägt Sträubleder		
57	Gegwt.			Bedauern über den Mangel an Harmonie	
58	Gegwt.			es bleibt etwas Erfreuliches mitzuteilen	
	o.A.	Katharina: Der Tathergang			

Die Übersicht macht deutlich, daß Walter Jens den Erzählvorgang nur teilweise überblickt – eine Konsequenz aus der verkannten »Quellen«metapher: »Was immer geschieht: der Autor, der, wie ein altvorderlicher Berichterstatter, das Geschehen vom Olymp aus verfolgt, verliert die Zügel nie aus der Hand: verleugnet in keinem Augenblick seine Omnipräsenz, gibt Hinweise auf die Funktionalität der einzelnen Dokumente im Rahmen des Ganzen, stellt Fragen, schaltet sich, hier distanziert und dort mit dem Engagement des Parteigängers, in die Handlung ein.« (Textausgabe, S. 247)

Kommentar, Parteilichkeit, Engagement – all das ist zutreffend und muß im Hinblick auf die Erzählerrolle konkretisiert werden (s. u., S. 39 ff.); doch »Omnipräsenz« und »Olymp« – das verfehlt nicht nur die Erzählerfigur, sondern die »pamphletistische Tendenz«, die sich aus der Form erschließt: Der Erzähler ist zwar überwiegend und doch nur dort »präsent«, wo es um die »Zusammenführung« von Quellen geht und um die Kommentierung der Handlung und der Erzählsituation. Dabei verwendet er die impersonale Perspektive des »es« und »man«; nicht aus sprachlicher »Umständlichkeit«, sondern um sich vom »Ich« der unmittelbaren Quellenzitate – Katharina (Kap. 15, 17 u. a.), Blorna (Kap. 23), Hertha Scheumel (Kap. 29), Hach (Kap. 54) u. a. – abzuheben. In diesen Fällen verzichtet der Erzähler darauf, »einfachen Menschen Artikulationshilfe zu geben« (S. 141). Dies ist das Verfahren des ZEITUNGsreporters und daher auch eine Formulierung von Tötges. Und auf solche Unterscheidung konzentriert sich der stete Vergleich von QUELLE und GOSSE, wobei sich der Bericht als quasi Gegen-ZEITUNG darstellt: keine Manipulation von Fakten und Aussagen, Verzicht auf letzte Aufklärung, wo etwas nicht »mit Gewißheit zu ermitteln« (S. 141) ist, Versuch der Aufklärung gegen bloße »Enthüllung«. Das hat nichts zu tun mit der Gegenüberstellung von Faktum und Meinung, Bericht und Kommentar. Der Erzähler steht eben nicht auf dem »Olymp« der objektiven Wahrheit, er polemisiert nicht gegen »Meinungsjournalismus«, ist doch der Erzählerkommentar durchaus parteilich und geradezu ›meinungsgetränkt‹. Doch über die Meinung gibt der Erzähler ebenso Rechenschaft wie über Stand und Methoden seiner »Ermittlung«. Gegen die forsch herausgestellte Omnipotenz der ZEITUNG und ihrer Verlagstendenz stehen Skrupel und individuelle Meinung, die angemaßte »klare Quelle« erweist sich so als »Pfütze«, die in einer »Art Drainage« oder Trockenlegung (S. 11) exemplarisch durch wirkliche »Quellen« ersetzt wird, die den Text »in Fluß« bringen (ebd.).

Allerdings läßt dieses Diagramm – unbeabsichtigt und unerwartet – auch einen kapitalen logischen Fehler erkennen, der, durch die Technik des »Rückstaus« kaschiert, Böll selbst und ebenso diversen Lektoren und Herausgebern (mich eingeschlossen) entgangen ist: Kapitel 27 thematisiert die Debatte Katharinas mit Hach, dann mit einer Polizistin über die ZEITUNG. Dies findet am späten Freitagvormittag statt. Zu diesem Zeitpunkt ist der erste ZEITUNGS-Bericht in der morgentlichen Freitagsausgabe erschienen. Katharina zieht jedoch (S. 81) »die beiden Ausgaben der ZEITUNG aus der Tasche« und »liest zweieinhalb Stunden lang – nichts weiter [...] als immer wieder die beiden Ausgaben der

ZEITUNG« (S. 82f.). Natürlich sind dem Leser dieses Kapitels bereits *zwei* Ausgaben der ZEITUNG bekannt, doch es sind die vom Freitag (22. Kapitel) und vom *Samstag* (23. Kapitel). Ab dem 24. Kapitel jedoch wird »eine Art Rückstau vorgenommen« (S. 58), dessen Ende im 37. angekündigt und im 38. erreicht wird. Dieser Irrtum pflanzt sich im Text fort: So findet Katharina am Freitagnachmittag (S. 103) bereits anonyme Briefe in Ihrem Briefkasten sowie kommentierte Exemplare der ZEITUNG, die doch erst am gleichen Morgen erschienen ist und deren Lektüre unabdingbare Voraussetzung für die Briefschreiber war. Daß dieses Faktum Böll bewußt war, zeigt sich 4 Seiten weiter, wo das Verhalten der Zeitung resümiert und urplötzlich ein »erste[r] Artikel am Donnerstag« (S. 107) erwähnt wird. Das stellt die Plausibilität der Briefe her – um den Preis der totalen zeitlichen Konfusion: Am Donnerstagmorgen wurde doch erst Katharinas Wohnung gestürmt, waren die Reporter der ZEITUNG am Ort (Kap. 11) – einen Artikel über Katharina konnte es am Donnerstag noch gar nicht gegeben haben, und von einem solchen ist weder vor noch nach dieser einen Erwähnung je die Rede. Einen anderen Zeitfehler hatte schon Rainer Nägele (Nägele, S. 162) aufgedeckt, als er im Hinblick auf den Katharina zugetrauten 2. Mord (Kap. 4) darauf hingewiesen hatte, daß sie am besagten Dienstag bereits ihren 3. Tag in der Haft verbrachte, so daß die geschilderten Spekulationen der ermittelnden Behörden unglaubwürdig sind. Sein Urteil – »Es scheint, daß [...] Bölls Zeitschemata und Diagramme entweder ungenau waren oder von ihm zu wenig studiert wurden« (ebd.) – erweist sich als zutreffend.

4 Gedanken und Probleme

4.1 Erzählerrolle und Gattungsproblem

Walter Jens sieht den Erzähler der *Katharina Blum* als »altvorderlichen Berichterstatter«, der »die Zügel nie aus der Hand« läßt (s. o., S. 37). Seine Charakterisierungen »Omnipräsenz« und »vom Olymp aus« komplettieren die Vorstellung eines »auktorialen Erzählers«. Diese hat sich durch die Verdeutlichung der Struktur des Textes als unzutreffend erwiesen. Jens selbst hat diese »altvorderliche« Erzählerfigur durch Gattungsbezeichnungen relativiert, die solche Erzählweise nicht unbedingt nahelegen: »Traktat« (Textausgabe, S. 243) und »poetische Dokumentation« (ebd. S. 245). Im Blick auf die Veränderungen der Filmversion hat Viktor Böll in einem Gespräch mit Böll die Besonderheiten des Erzählers herauszuarbeiten versucht:

»VIKTOR BÖLL: [...] Besonders wichtig scheint mir da die Funktion des Erzählers oder Rechercheurs in der Erzählung zu sein. [...] Ich sehe in dem Erzähler zwei Funktionen. Einmal die formale, die Art, wie er erzählt, die andere inhaltlich, was er erzählt, das heißt, welchen Ausblick aus der fiktiven Wirklichkeit er recherchiert und nacherzählt. [...] die Art, wie er erzählt, daß er den ›justizinternen Tratsch‹ wiedergibt, aber eben als Tratsch kennzeichnet, daß er viele Fragen offenläßt, bekennt, vieles habe er nicht genau feststellen können, das soll ja wohl eine Alternative zu den eindeutigen, allwissenden und rechthaberischen Artikeln der ›Zeitung‹ sein. Ist das so zu sehen?

HEINRICH BÖLL: Es ist nicht bewußt so, aber natürlich ist eine solche Erzählung auch, sagen wir, ein Ermittlungsverfahren. Es gibt, glaube ich, in der Justiz den Ermittlungsrichter, der die Tat, die verdächtigen Umstände und Verstrickungen der verdächtigen Person untersucht, und ich glaube, daß die Erzählung eine ermittelnde Funktion hat.

V. B.: Und in der Ermittlung liegt dann die Alternative zu der ja nur scheinbar ermittelnden, zu der verurteilenden ›Zeitung‹.

H. B.: Ja natürlich. Es ist nirgendwo, hoffe ich, apodiktisch, immer schwebend, natürlich nicht meinungslos.

V. B.: Dazu kommen wir jetzt, wenn wir die zweite Funktion des Erzählers mit in Betracht ziehen. Ich [...] sehe, daß, sofern er sich auf Personen beruft, diese positiv zu Katharina stehen. In erster Linie ist das wohl Blorna. Aber auch Staatsanwalt Hach [...] steht ihr in der Erzählung eher wohlwollend gegenüber.

H. B.: Relativ neutral.

V. B.: Er gibt auf jeden Fall die Informationen weiter. Ich meine, daß der Erzähler stärker ist und weniger objektiv, als er durch die formale Art seines Erzählens zu erkennen gibt.

H. B.: Das kann sein.« (J, S. 666f.)

In Unkenntnis der Bedeutung der »Quellen«-Metapher konstruiert Viktor Böll hier einen Widerspruch von (»formalem«) Objektivitätsanspruch und (»inhaltlicher«) Parteilichkeit. Obwohl gerade ein solcher Widerspruch nicht besteht (s. o., S. 37) und Böll dies auch nicht akzeptierte (»Das kann sein« und etwas später: »Das ist mir gar nicht so bewußt«), weisen diese Überlegungen auf eine grundsätzliche Problematik der Erzählerfigur, die letztlich auch zusammenhängt mit der

Frage nach der »Textsorte« bzw. der Gattung von *Katharina Blum*: Der besondere Charakter der Erzählerfigur folgt zum einen natürlich aus der »pamphletistischen Tendenz« (S. 267); zum anderen kommt ihr eine exponierte Stellung im »Fortschreibungsprozeß« des Böllschen Werkes und der Entwicklung seiner erzählerischen Mittel zu. Nicht nur in der Schlagzeilenpoesie mancher Rezensionen (s. o., S. 8) spiegelt sich der verbreitete Eindruck, daß die Erzählung »in der Aufnahmetechnik von [...] ›Gruppenbild mit Dame‹« (Spandauer Volksblatt, 11. 8. 1974) verfaßt sei. Dort führte sich auf der dritten Seite ein Erzähler so ein:

»Der Verf. hat keineswegs Einblick in Lenis gesamtes Leibes-, Seelen- und Liebesleben, doch ist alles, aber auch alles getan worden, um über Leni das zu bekommen, was man sachliche Information nennt (die Auskunftspersonen werden an entsprechender Stelle sogar namhaft gemacht!), und was hier berichtet wird, kann mit an Sicherheit grenzender Wahrscheinlichkeit als zutreffend bezeichnet werden.« (R III, S. 620)

»Bericht« und »Berichterstatter« tauchen immer wieder im Text des Romans auf. Auch wenn ein als »Verf.« oder in anderer Form sich definierender Erzähler in *Katharina Blum* fehlt, sind die Korrespondenz von »Quellen« und »Auskunftspersonen«, die Fiktion der »Berichterstattung« (S. 120), das Verfahren angeblicher Dokumentation etc. durchaus überzeugende Argumente für eine Verwandtschaft beider Texte. *Gruppenbild* wurde von der Literaturwissenschaft – gegen den Widerspruch Bölls (vgl. J, S. 169f.) – zu einer »Gruppe von Romanen der Gegenwart« gerechnet, »die sich als dokumentarische Berichte geben«. Theodore Ziolkowski (Typologie und ›Einfache Form‹ in ›Gruppenbild mit Dame‹. In: R. Matthaei, Die subversive Madonna. Köln 1975) nennt in diesem Zusammenhang neben Uwe Johnsons *Das dritte Buch über Achim* und Christa Wolfs *Nachdenken über Christa T.* Hans Erich Nossacks *Der Fall d'Arthez* (ebd., S. 131f.) und sieht den wesentlichen Unterschied gegenüber dieser Gruppe bei Böll in der »prononciert parodierte[n] Form«: »das Ganze wirkt letzten Endes wie der Versuch eines tollgewordenen ›Verf.s‹, eine Prozedur nachzuahmen, die er nur vom Hörensagen und aus den vielen ›Lebensläufen‹ und ›Mutmaßungen‹ der sechziger Jahre kennt« (ebd., S. 132). Anders als in diesen Vorbildern bleibe das »Verhältnis des fingierten ›Verfassers‹ zu seinem Gegenstand – ob journalistisch, juristisch, freundschaftlich, oder pädagogisch« (ebd.) – zunächst unklar. Ziolkowski erst identifiziert dieses Verhältnis: der Roman sei »das Protokoll des Postulators oder *Advocatus Dei* im Prozeß der Beatifikation« (ebd., S. 134). Das wird detailliert und überzeugend begründet, mag auch ein zusätzliches Argument für die Diskussion der angeblichen »Heiligkeit« Katharina Blums abgeben, ist bedeutsam hier aber dennoch nur unter erzählstrukturellem Gesichtspunkt: Gibt die vorab definierte Rolle eines Advocatus Dei dem »Verf.« die Funktion des ›Beweisführers‹ für eine These oder einen Prozeß? Gilt das auch für die Erzählung *Katharina Blum*, deren ungenannter Erzähler in seiner Funktion als ›Anti-Tötges‹ ja bereits identifiziert ist?

Zu *Gruppenbild* hat Böll sich frühzeitig geäußert im Gespräch mit seinem Lektor Dieter Wellershoff:

»D. WELLERSHOFF: Dieser Roman hat eine von Ihren anderen Büchern abweichende Struktur. Er baut sich ja aus einer Reihe von Zeugenaussagen auf. Die Mittelpunktfigur [...] entsteht für den Leser allmählich aus den Aussagen, die der Erzähler, der fiktive Erzähler, bei den Zeugen zusammensucht.

H. BÖLL: Daß das so neu ist, wird mir erst jetzt klar, wo Sie darauf hindeuten. Wahrscheinlich ist nur die Methode neu, Zeugen auszusuchen und sie zu benennen. Die Bildung einer [...] Romanfigur aus verschiedenen Optiken habe ich wahrscheinlich bisher in den Romanen immer nur aus der Optik des Erzählers genommen, die aber variierte, wie mir schien. Jetzt sind deutlicher die verschiedene Optik, die verschiedenen Ansatzpunkte, die verschiedenen Annäherungen an diese Figur, wobei aber nicht der Erzähler fiktiv ist, sondern die Zeugen.« (J, S. 120f.)

Mit »Optik« bezeichnete Böll stets die Erzählperspektive, deren stetige Variation in der Tat die Entwicklung seines Werks charakterisiert: Bestimmte *Wo warst du, Adam?* noch ein auktorialer, ein allwissender Erzähler, so wurde *Und sagte kein einziges Wort* abwechselnd aus der Perspektive des Mannes und der Frau erzählt, sozusagen eine duale Erzählperspektive, die sich zu polyperspektivischem Erzählen in *Haus ohne Hüter* und *Billard um halb zehn* ausweitete. Sehr viel später, in *Fürsorgliche Belagerung* (1979), steigerte er dies noch, indem er den jeweiligen Punkt des Perspektivewechsels nicht mehr deutlich bezeichnete. Die subjektivistische Perspektive des Ich-Romans wählte Böll für *Ansichten eines Clowns* und *Entfernung von der Truppe*. Nur in *Ende einer Dienstfahrt* kam Böll – scheinbar – auf die Perspektive des auktorialen Erzählers zurück, wobei der Handlungsrahmen – ein Strafprozeß – diese doch in die Nähe des »dokumentarischen Berichts« brachte. Dieses stete Problematisch-Werden der Erzählerrolle ist mehr als auffällig und Bölls Erklärungsversuch anläßlich von *Gruppenbild* auf den ersten Blick verblüffend: »Es ist einfach die formale Verlegenheit eines professionellen Schreibers« (J, S. 267). Karin Struck hatte ihn gefragt, warum er diese Form gewählt habe, und sage, »*der* Verfasser, warum haben Sie das Buch nicht in der Ich-Form zum Beispiel geschrieben oder in einer anderen Form«. Bölls Antwort:

»Ich fürchte, daß es Verlegenheit war, weil das Formelle, also [...] die Art der Darstellung oder Mitteilung von Buch zu Buch wechselt, und ich hab auch einige in Ich-Form geschrieben [...] Das ist ein kompliziertes und fast unlösbares Problem, wie man Wirklichkeit, die man da erstellt, präsentiert. Der Verfasser ist zum Beispiel etwas anderes als der Autor. [...] Ich wollte natürlich versuchen, so eine Art neutralen Typ da einzuführen, und das ist mir nicht gelungen, ich bin auch nicht unglücklich darüber. [...] Das ist ein wahnsinniges Problem. In Ich-Form wäre das undenkbar gewesen. Stellen Sie sich das vor, versuchen Sie es umzudenken, da wäre das platsch auf die Nase gefallen, und die reine Er-Form wäre auch danebengegangen. So hab ich diesen Verfasser dazwischengeschoben, der scheinbar neutral ist.« (J, S. 267f.)

Das understatement der »einfachen Verlegenheit« wird durch die Kennzeichnung des Problems als »kompliziert«, »fast unlösbar«, »wahnsinnig« aufgehoben. Darin deutet sich an, daß der stete Wechsel der Erzählperspektive kein beiläufiges Spiel sondern Ausdruck einer existenziell motivierten Suche war. Die radikalste

Lösung des Problems in Bölls letztem Roman, *Frauen vor Flußlandschaft* (1985), der Verzicht auf jegliche Erzählerfiktion in der »dramatischen« Form des O-Tons der einzelnen Figuren, macht vor dem Hintergrund des bereits zitierten Mottos, wonach »*alles* in diesem Roman fiktiv« sei (s. o., S. 25) deutlich, daß die Triebkraft der Suche die Überzeugung von der »Wirklichkeit der Fiktion« war, die auch formal plausibel gemacht werden sollte. In *Gruppenbild* war das »nicht gelungen«, *Katharina Blum* war trotz – oder neben – der pamphletistischen Intention ein neuer Anlauf. Das Problem stellte sich Böll während der Arbeit an der Erzählung ebenso wie 10 Jahre später, und das Interview mit Karin Struck (1973) belegt auch das. Auf die Bemerkung Strucks: »man hat Ihnen da unterstellt, das sei eine Ironisierung der Dokumentarliteratur. Daran haben Sie nicht gedacht beim Schreiben?« antwortete er:

> »Nicht im geringsten. Ich finde die Dokumentarliteratur legitim. Nur entsteht da für mich das Problem, [...] daß ich wirklich nicht weiß, wo Fiktion anfängt und das andere beginnt, weil Sprache für mich nach meinem Schreibgefühl, wollen wir sagen, per se etwas Fiktives hat. [...] Dieses Problem, das jeden, nicht nur den Schriftsteller, sondern jeden Menschen, jeden, der irgendwas macht, malt, schreibt, *um Wirklichkeit zu vermitteln*, betrifft, ist doch unlösbar.« (J, S. 267, Heraushebung von mir, B. B.)

Daß die Gattungszuordnung abhängig ist von der Einschätzung der Erzählerfigur gilt generell für jeden Erzähltext, für *Katharina Blum* nach dem bislang Gesagten in besonderem Maße. Von hier wird der zunächst wohl übertrieben wirkende Ärger Bölls im Nachwort verständlich, zu dem ihn »das Gerücht, diese *Erzählung* wäre ein Terroristen-*Roman*« (S. 259), trieb, ebenso die Hartnäckigkeit, mit der er auf der Gattungsbezeichnung *Erzählung* beharrte. Dabei ist »Roman« zwar eine häufige, aber beileibe nicht die einzige Bölls Intentionen widerstreitende Gattungszuweisung. Neben »Traktat« und »poetische Dokumentation« (Walter Jens) bezeichnete man die Erzählung als »Humoreske« (Marcel Reich-Ranicki in: FAZ, 24. 8. 1974), »Legende« (Klaus Rainer Röhl in: das da, August 1974), »Melodram« (Jürgen P. Wallmann u. a. in: Schwäbische Zeitung, 10./11. 8. 1974) und mehrfach auch als »Moritat« (z. B. Wolfgang Richter in: Aachener Volkszeitung, 7. 9. 1974). Eine ausführliche Begründung findet sich nur einmal, trägt aber dann Wesentliches zur Aufhellung der Gattungsfrage bei: Aus dem Untertitel von *Katharina Blum* leitet Michael Beckert (Saarbrücker Zeitung, 3. 8. 1974) »das Lehrstückhafte dieses Prosatextes« her und argumentiert:

> »Wie dem Leser die einzelnen Stationen vorgeführt werden, an deren Ende der Mord steht; wie die beteiligten Figuren in einen vorgeschriebenen Handlungsablauf fast gezwungen werden; nicht zuletzt auch das titelgebende Thema von verlorener Frauenehre – dies alles erinnert sehr an eine Moritat (ein Wort überdies, das sich von ›Mordtat‹ ableitet).
>
> In 58 kleinen Kapiteln, die als Strophen eines Bänkelsangs verstanden werden können, trägt der fiktive Berichterstatter sein Material zusammen.«

Natürlich, »Moritat« paßt nur per analogiam; die 58 Kurzkapitel sind *keine* Strophen, hier wird erzählt, nicht gesungen, und der Erzähler verfällt gerade nicht in den auf Sensationslust zielenden Zeigegestus des Bänkelsängers. Worauf der Vergleich zielt, ist jedoch deutlich: auf das besondere Verhältnis von Wirklichkeit und Fiktion in der Moritat, auf das Moment der Stilisierung, das sich in der Moritat allerdings stets als Verwandlung von Ereignis in »schröckliche Geschichte« darstellt. An diesem Punkt endet die Parallele, und eben dort wird der Vorschlag »Novelle« plausibel, wird sie doch seit Goethes entsprechender Bemerkung zu Eckermann (29. 1. 1827) als »eine sich ereignete unerhörte Begebenheit« verstanden, die den anekdotischen Fall zum Kunstwerk stilisiert, jedoch »Wahrscheinlichkeit« bewahrt. Doch die deutsche Novellentheorie hat die Gattungsbezeichnung mit einer besonders herausgehobenen ästhetischen Erwartungshaltung verbunden, die der »pamphletistischen Tendenz« der Böllschen Erzählung im Wege stünde, und die Geschichte der Novelle von Kleist bis Hesse hat den gesellschaftskonformen, »ordentlichen«, »harmonischen« Schluß nachgerade zum Kriterium der Gattung werden lassen. In nicht zu verkennender Anspielung darauf formuliert der Erzähler im 57. Kapitel:

»Es ist natürlich äußerst bedauerlich, daß hier zum Ende hin so wenig Harmonie mitgeteilt und nur sehr geringe Hoffnung auf solche gemacht werden kann. Nicht Integration, Konfrontation hat sich ergeben.« (S. 180)

und:

»Verflucht, wie soll man hier Harmonie herstellen« (S. 182).

»Traktat« reduziert den Text auf das Pamphletistische, »Humoreske« verfehlt das Gewicht des »Falles«, »Melodram« ist als Begriff aus dem Bereich des Musikdramas ein völliger Mißgriff. »Poetische Dokumentation« dagegen trifft den Sachverhalt, aber als Neologismus verlangt er Erläuterungen. »Erzählung«, als am wenigsten bestimmbare epische Gattung, scheint allein übriggeblieben zu sein – eine ›Verlegenheitslösung‹? Böll pflegte Wörter und Begriffe zu »überprüfen«, indem er sie zu ihrem Ursprung zurückverfolgte (z. B. »Poetik« in der 2. seiner *Frankfurter Vorlesungen* [E II, S. 49ff.]). »Erzählung« im ursprünglichen und allgemeinen Sinne ist »die mündliche oder schriftliche Darstellung von realen oder fiktiven Ereignisfolgen« (Metzler Literaturlexikon), von »wirklichen und erdachten Geschehnissen« (G. v. Wilpert, Sachwörterbuch der Literatur), die »Bezeichnung für alle Arten epischer Gestaltung von realen oder fiktiven Geschehnisfolgen« (Meyers kleines Lexikon Literatur). »Erzählung« also trifft keine Vorentscheidung zwischen Realität und Fiktion; »Erzählung« ist die gattungsterminologische Entsprechung für Bölls Überzeugung von der »Wirklichkeit der Fiktion«; »Erzählung« ist die einzig adäquate Gattungsbezeichnung für *Katharina Blum*.

4.2 Die »Moral der Sprache«

Selbst Walter Jens in seiner Eloge auf die Erzählung rügt manchen »sprachlich leider verunglückten« Passus, und die respektvolle Rezension Marcel Reich-Ranickis kann nicht auf die generelle Einschränkung verzichten, daß es »nie Bölls Sache« gewesen sei, »Vollkommenes zu schreiben«: »Jeder Oberlehrer wird ihm eine Anzahl stilistischer Nachlässigkeiten ankreiden können« (FAZ, 24. 8.1974). Natürlich haben sich bald eine ganze Reihe solcher »Oberlehrer« gefunden, deren eifrigster, Hans Habe, in Axel Springers »Die Welt« das »schriftstellerische Hinscheiden« Bölls konstatierte (zit. nach: Textausgabe S. 251 ff.). Habe stellte nicht nur pauschal ein schon »immer [...] gestörtes Verhältnis« Bölls »zur deutschen Sprache« fest, er stellte vielmehr eine ganze Sammlung von »Sprachdummheit[en]«, grammatischen Fehlern, Stilblüten etc. zusammen unter dem von Karl Kraus entlehnten Motto, »daß die verratene Sprache den Sprachtäter verrät« (ebd., S. 254). Der Vorwurf hat ein Gewicht, das sich nicht nur auf das Renommee des Sprachkritikers Kraus stützt; ist doch Böll selbst der eigentliche Kronzeuge:

»Es ist viel Niedertracht in diesem Buch, und es bedurfte wohl des letzten Restes von Menschenverachtung, auch der allerletzten Verachtung unserer Sprache, es zu publizieren, nicht ahnend, wie viel Sprache verraten kann« (E II, S. 184).

Dieser Satz stammt aus Bölls Rezension der Adenauer-Memoiren, ist seither ein von vielen Kritikern gegen Böll geschwungener ›Knüppel‹ gewesen, so daß das geradezu lautstarke Verschweigen des Zitats durch Hans Habe die bitterböse Absicht verrät. Gleichwohl muß Böll sich messen lassen am eigenen Anspruch:

»Eine Regel sollte gelten; je engagierter sich ein Autor glaubt, desto besser sollte er schreiben.« (E II, S. 84)

Dieser Anspruch wird für *Katharina Blum* um so mehr zum Maßstab, als es ja um die »Gewalt« der Sprache in dieser Erzählung geht (s. Kap. 4.3) und weil Böll seine Heldin selbst das von ihm entwickelte Verfahren der »Überprüfung« der Wirklichkeit durch »Kontrolle« der Sprache praktizieren läßt: Katharina »kontrollierte« mit »erstaunlicher Pedanterie jede einzelne Formulierung« des Protokolls (S. 39). Es kommt zu »Definitionskontroversen« um »Zärtlichkeit« und »Zudringlichkeit« (ebd.), um »gültig«, »gutmütig« und »nett« (S. 40), um »intim« und »innig« (S. 73), Kontroversen, wie sie fünf Jahre später sich in der Wirklichkeit wiederholten, als das gleiche Vokabular die Rezensenten von Bölls Roman *Fürsorgliche Belagerung* entzweite (s. Balzer 1981). Diese Parallele ist kein Zufall, handelt es sich doch auch hierbei um Bölls ständiges Bemühen um eine »bewohnbare Sprache« (E II, S. 49), um den Versuch, »sich ausdrücken zu können in einer fast ausdruckslosen Welt« (ebd., S. 49). Die Sprache des »Politikers, des Verkäufers, Lehrers, der Ehepaare, des Professors, des Chefs und ihrer jeweiligen Partner [...] ist gewöhnlich das Vokabular der Machtergreifung und -behauptung, des Rechthabens, das sich nicht am Partner bildet« (ebd., S. 37). Eben so charakterisiert sich die Sprache Beizmennes und der anderen Verhörenden. Sie »werfen

Worte weg«, wie Böll das in der Diktion der *Frankfurter Vorlesungen* formulierte (ebd., S. 38), z. B. »gültig«, weil »es so altmodisch klinge« (S. 40). Gerade die Sprache der Sexualität ist gewöhnlich Sprache der »Machtergreifung« und wird als solche im Text kenntlich: Beizmennes »umstrittene Frage« (S. 25), der »Sexklemmer« Hach (S. 26), die »›derben‹ sexuellen Offerten« (S. 105) der anonymen und nicht anonymen Briefe, die »gemeine[n] Sachen« (S. 102) des anonymen Anrufers usw. Den sprachlichen Gegenpol dazu vertritt – und formuliert – im wesentlichen Katharina, wobei die erwähnten »Definitionskontroversen« den »Ton« vorgeben, wie unter anderem das Protokoll in Kapitel 24 zeigt:

»Es trifft zu, daß ich [...] *ausschließlich* und *innig* mit Ludwig Götten getanzt habe [...]. Ich empfand *große Zärtlichkeit für ihn und er für mich.*« (S. 73, Hervorhebungen von mir, B. B.)

»Zärtlichkeit« und »innig« stehen gegen »zudringlich« und »intim«, das »ausschließlich« gegen die von Beizmenne wie auch von den anonymen Schreibern und Anrufern wie auch von der ZEITUNG, also von der Gesellschaft, unterstellte Promiskuität; ein Reflex der »Sex-Welle« der späten 60er Jahre. Solche sprachlichen Kontraste werden von Katharina und denen, die auch sprachlich auf ihrer Seite stehen, fast zu einem alternativsprachlichen System verbunden: Ludwig war »so lieb« (S. 77, Katharina), ein »liebenswürdige[r] junge[r] Gentleman, von dessen Zärtlichkeiten sie jetzt nur noch träumen darf« (S. 117, Trude Blorna), »liebesfähig, ernst« (S. 118, Trude Blorna). Dabei formuliert die Erzählung keineswegs über Banalität und kitschigen Kontext dieses Vokabulars hinweg. Vielmehr wird es ironisch gebrochen, indem der »liebe Ludwig« (S. 44) etwa zur sarkastischen Apostrophe Beizmennes wird, die anonymen Briefe »Zärtlichkeiten« versprechen (S. 105) und selbst die ZEITUNG das Vokabular usurpiert und von »inniger Zärtlichkeit« schreibt (S. 155). Das ist tatsächlich Moment distanzierender Ironie und nicht mimische Satire gegenüber den Verständnislosen; denn auch Blorna – »dieser liebenswürdige Ludwig [hat] schon bewiesen [...], daß er ganz gut schießen kann« (S. 128) – wahrt sprachlich Abstand, und vor allem ist es der Erzähler selbst, der diese Sprache ironisiert, indem er vom »lieben Ludwig« (S. 103) distanzierend spricht – sogar im Bild-Zeitungs-Stil distanzierender Anführungszeichen (S. 181) – u. a. durch satirische Wortbildungen wie »Zärtlichkeitsempfinder« (S. 78) und »Zärtlichkeitsanbieter« (S. 133), deren Morphologie und doch wohl auch satirische Tendenz vergleichbar ist mit dem Wort »Todesherbeiführer« (S. 139, für Tötges). Das zeigt, daß Böll hier zwar »sprachliche Kontrapunktik« (Balzer 1981, S. 77) entwickelt, ohne jedoch ausdrücklich im »Sprachenstreit« Partei zu ergreifen. Dies geschieht erst, mit ähnlichem Vokabular, in *Fürsorgliche Belagerung*. Hier ist die »Alternativsprache« eher ein Hinweis auf die Sprachnot im »Sexualbereich«, wo sich, von der inhumanen Wissenschaftlichkeit medizinischen Jargons abgesehen, nur die Wahl stellt zwischen aggressivem und kitschigem Vokabular, »zwischen Karamelpudding und härtestem Porno« (S. 138): »intim« – »gefickt« – »innig« – der Text von *Katharina Blum* stellt zur Diskussion auch noch dort, wo Böll, wie stets, dem Liebesverhältnis zweier Menschen geradezu metaphysischen Rang verleiht. Bei Katharina zeigt sich das in biblischen Wendungen: »Mein Gott, er war es eben, der da kommen soll«; das ist (in der Sache) ebenso ernst gemeint wie (in der Sprache) in Frage gestellt. Die Religion, von Katharina sonst nicht ernstgenommen, ist Ausweichregion für die sprachliche Realisierung des anders für sie nicht Sagbaren. Daß sie den Spitznamen »Nonne« von Bekannten und Freunden erhalten hat (S. 71), daß auch Georg Plotten, Partybesucher bei Else Woltersheim, die Begegnung Katharinas mit Götten als »totale Vereinnahmung« erlebt und mit religiöser Begrifflichkeit beschreibt (»Das habe dem Abend einen Ernst, fast etwas Feierliches gegeben, das zu karnevalistischen Veranstaltungen nicht so recht passe«, S. 95) und daß auch der Erzähler von der »in den Tiefen ihrer Seele« verletzten Katharina spricht, verallgemeinert auch diesen Aspekt. Die »bewohnbare Sprache«, nach der Böll auch hier auf der Suche ist, soll kein Volapük oder Esperanto sein. Er hofft sie vielmehr zu finden in dem, was auch sprachlich »zum Abfall« gemacht wird: »Wir haben kein Wort zu verschenken, keins zu verlieren, so viele Worte haben wir nicht. [. . .] Wir verlieren zu viele Worte, werfen sie weg« (E II, S. 38). Es geht ihm darum, das Wort »von der jeweils beigemischten Demagogie« zu befreien (ebd., S. 71). Katharina demonstriert das an dem Wort »nett«, daß sie als Allerweltsvokabel (»nett zu mir«, S. 40) zurückweist, um es doch selber mit definierbarer Bedeutung zu verwenden (»bin zu diesem Moeding gefahren, der damals so nett zu mir war«, S. 189). Dieses Beispiel hat Schlüsselcharakter nicht nur deshalb, weil es 1979 das »nett« war, das zu Kritikerkontroversen anläßlich von *Fürsorgliche Belagerung* führte. Böll brachte daraufhin seine Position in einer Rede zum Ausdruck:

»Ich möchte nur darauf hinweisen, daß ›nett‹ und ›rosa‹ eine gewisse Verwandtschaft haben und daß man wissen muß, was ein Wort möglicherweise für Ausdrucksvarianten hat. Und sich überlegen muß, daß etwas so Nichtssagendes wie ›nett‹ möglicherweise vielsagend wird.« (zit. nach Balzer 1981, S. 10)

Auch Alltagssprache kann so wieder zum Sprechen gebracht werden – und kann dabei doch Alltagssprache bleiben. Wilhelm Kicherer ist u. a. aufgefallen, »daß die umgangssprachlichen und vulgärsprachlichen Redewendungen auf alle Personen verteilt sind. Der Akademiker spricht sie aus, der ›einfache Mann‹« (Kicherer, S. 85). Ein entsprechender Katalog von »Vulgärismen« ist dort nachzulesen und damit erklärt, daß diese in Situationen gebraucht würden, die mit Gefühlsausbrüchen verbunden sind, »die mittels einer sachlich-beschreibenden, rational-verbalisierenden Sprechweise nicht mehr adäquat ausgedrückt werden können« (ebd., S. 86). Natürlich geht es Böll weniger um rational-verbalisierende Sprechweise – das wäre kaum eine »bewohnbare Sprache«, sie wäre auch selbst bei den »Akademikern« der Erzählung wenig glaubwürdig. Es geht ihm andererseits auch nicht um einen sprachlichen Realismus; hier nicht und grundsätzlich nicht:

»Man hat mir manchmal gesagt oder über mich geschrieben, daß ich so schreibe, wie die Leute sprechen, und das ist etwas, was ich am allerwenigsten verstehe. Ich glaube, das, was man eine natürliche Sprache nennt, ist das Ergebnis sehr komplizierter künstlerischer Vorgänge.« (J, S. 648)

Die sprachliche »Sensibilität« (Scheiffele, S. 177), die »einige Opfer« in der Erzählung auszeichnet, ist in diesem Sinne Abweichung von der »natürlichen Sprache«, und daß sogar die »Täter« produktive Teilnehmer sind an »Definitionskontroversen« und Sprachspielen, nimmt diesen auch die mögliche bloße Charakterisierungsfunktion. Wenn *Katharina Blum* ein »moralischer Protest gegen die Schludrigkeit im gewöhnlichen Sprachgebrauch« zu nennen ist (Nägele, S. 161), dann betrifft das den Text als Ganzen und nicht nur die Sprache Katharinas oder einzelner anderer Figuren. Tatsächlich wird »die Sprache auf den verschiedensten Ebenen thematisiert« (ebd.), und es ist der Erzähler, der diese verschiedenen Ebenen verbindet, indem er an allen Ebenen teilhat, auf denen es um die »Moral der Sprache« geht. Dies bedingt den häufig beobachteten und kritisierten Wechsel der Stilebenen in Erzählerbericht und -kommentar: Identifikation findet hier ebenso statt wie kritische Distanz oder gar Ironisierung – ein fiktives Sprachspiel als Gegenmodell der Wirklichkeit.

4.3 Verbale Gewalt – die Sprache der ZEITUNG

»Ein Sprachspiel begleitet auch die zentrale Handlung: Ein Wort des Reporters löst die Aktion aus: Er sagte, ›Na Blümchen, was machen wir zwei denn jetzt [...] ich schlage vor, daß wir jetzt einmal bumsen.‹ Nun inzwischen war ich bei meiner Handtasche, und er ging mir an die Kledage, und ich dachte: ›Bumsen, meinetwegen‹, und ich habe die Pistole rausgenommen und sofort auf ihn geschossen‹. [...] Offenbar wollte Böll hier den Zusammenhang von Wort und Gewalt im Wortspiel zur Unmittelbarkeit verdichten. Das ist ihm zwar gelungen, jedoch mit bedenklichen Kosten: denn was das Wortspiel symbolisch verdichtet, löst es im Kontext der Handlung auf, indem es die Motivation verwirrt und den Schuß zur Reaktion auf die sexuelle Attacke macht, womit die von der Recherche mühsam aufgebauten Motivationszusammenhänge gefährlich in Frage gestellt werden.« (Nägele, S. 161 f.)

Besagtes Wortspiel setzt in der Tat unmittelbar Wort in Tat um; eine brutale Tat, angeregt durch einen primitiven Kalauer, ausgelöst jedoch durch eine »sexuelle Attacke«. Daß diese Gewalttat nicht die »Gewalt« ist, von der der Untertitel spricht, wurde schon ausgeführt (s. o., S. 24), der Schuß ist die Konsequenz der Gewalt, das, »wohin sie führen kann«. Auch hierbei ist die Frage nach der Glaubwürdigkeit des »Motivationszusammenhangs« notwendig. Die Antwort freilich bietet sich an: In der kalauernden Zweideutigkeit von »bumsen« sind gerade die beiden Themenbereiche vereinigt, die den Journalismus vom Schlage der ZEITUNG charakterisieren: »sex and crime«. Der Schuß Katharinas ist sozusagen das verdinglichte Pendant zum »Revolverjournalismus« der ZEITUNG, was das Bedeutungsfeld des Sprachspiels noch ausweitet. Freilich gehört »bumsen« der Umgangssprache an, die in der »privaten« Situation natürlich auch Tötges verwendet. Die Sprache der ZEITUNG ist gerade nicht das »schlechte Deutsch«, das der Erzählung immer wieder angekreidet wurde:

»Verglichen mit den vulgären, saloppen, verwaschenen Ausdrücken der Umgangssprache, wie Böll sie wiedergibt, wirkt die Sprache dieses Massenblattes an vielen Stellen fast poetisch, hochgestochen, sentimental.«

Eberhard Scheiffele, der diesen Sachverhalt zu Recht herausstellt (Scheiffele, S. 174), nennt als Beispiele die in der Tat verkitscht-sentimentalen Tiraden, zu denen die ZEITUNG die Aussagen Wilhelm Brettlohs verwandelt hat (S. 54f.), und die »Artikulationshilfe« (S. 141), die der Reporter Tötges »einfachen Menschen« – und nicht nur solchen – zu geben pflegt. So macht er nicht nur aus dem »Warum mußte das so enden, warum mußte das so kommen« der Frau Blum ein »So mußte es ja kommen, so mußte es ja enden« (S. 54f.), sondern verwandelt auch Blornas Charakterisierung »klug und kühl« in »eiskalt und berechnend« (S. 48).

»Schwerer zu durchschauen als solche ›Lügen‹ und ›Verdrehungen‹ sind die ›Verleumdungen‹ der Zeitung [...]. In ihrer genau ausgeklügelten Mischung von Wahrheit und Lüge sind sie im juristischen Sinn kaum eindeutig als ›Verleumdungen‹ faßbar. In einer Schlagzeile wird Katharina als ›RÄUBERLIEBCHEN‹ [...] tituliert – daß sie Götten liebt, ist eine Tatsache; nur hat ›Liebchen‹ in diesem Wortzusammenhang, anders als das sachliche ›Geliebte‹, einen Beigeschmack der Bedeutung ›Dirne‹, was das Bild, das sich der Leser von Katharina macht, von vornherein auf ganz bestimmte Weise färbt. Auch wenn berichtet wird, Dr. Hiepertz habe Katharina ›eine in jeder Beziehung radikale Person‹ genannt, kann sich die ZEITUNG auf Tatsachen berufen. Der Studiendirektor *hat* das Wort ›radikal‹ gebraucht, allerdings als Adverb. Katharina sei, so sagte er, ›radikal hilfsbereit, planvoll und intelligent‹« (Scheiffele, S. 174f.).

Hiermit ist das »Gossen«-Verfahren der Zeitung zutreffend beschrieben und als Gegenpol zur »Quellen«-Behandlung des »Berichterstatters« gekennzeichnet: Während der noch in der Persiflage des Beamtenjargons auf semantische Korrektheit zielt, verfügt die ZEITUNG über sprachliche Aussagen als Material, dessen Verwertbarkeit in jede Richtung solange unlimitiert ist, wie noch eine Beziehung zum »lokutiven Akt« der Sprache sichtbar ist. Nur ist dies das sattsam bekannte, wissenschaftlich längst schon von allen Seiten untersuchte Verfahren der Manipulation, wie es von zahlreichen Anwendern agitatorischer Techniken praktiziert wird: Wahlkämpfern, politischen, religiösen Propagandisten, Werbeagenturen, »Meinungsmachern« in Presse und Medien. Der »pamphletistischen Tendenz« der Erzählung entsprechend sind es »Ähnlichkeiten mit den Praktiken der ›Bild‹-Zeitungen« (S. 6), die hier »unvermeidlich« sind. Aber auch hier konnte Böll neben eigenen Erfahrungen eine reichhaltige kritische wissenschaftliche Literatur nutzen (als Beispiel von vielen: Erich Küchenhoff, Bild-Verfälschungen, 2 Bde. Frankfurt 1972); die Darstellung solcher »Praktiken« hatte daher aber auch 1974 keinen besonderen Neuigkeits- oder Erkenntniswert. Selbst das polemische oder kritische Gewicht einer solchen »Entlarvung« war durch die Fiktionalität des »Falles« nicht sonderlich hoch anzuschlagen. Schon Rudolf Augstein fragte in der Vorbemerkung zum Vorabdruck der *Katharina Blum* im SPIEGEL (28. 7. 1974), ob »Böll ›Bild‹ getroffen hat; ob ›Bild‹ nicht viel gelungener ist, als ein Gebildeter unter seinen Verächtern es je porträtieren oder karikieren könnte«. Zehn Jahre später hat Böll der in dieser Frage enthaltenen These Rechnung getragen und in *Bild. Bonn. Boenisch.* »Zitate statt Parodien« versammelt, das Rezept Robert Neumanns befolgend, das dieser, Machiavelli zitierend, so formulierte: »– dann halt an dich, verhöhn ihn nicht und schilt ihn nicht. Sag, was er sagt. Aus seinem eigenen Munde laß ihn sich verdammen« (R. Neumann, Der Parodien 2. Band. Berlin 1955, S. 63). Wie wirksam solche »mimische« oder gar »Realsatire« ist, zeigen über *Bild. Bonn. Boenisch.* hinaus die Dokumentationen Günter Wallraffs (s. Literaturverzeichnis).

In der Fiktion der Erzählung nutzt Böll hingegen die Möglichkeit, über die Feststellung latenter Gewalt in manipulierender Sprache hinaus, ihr Manifestwerden zu demonstrieren. Die Wirkung der Gossenpresse – häufig genug vermutet, beklagt oder auch erwünscht, bislang nie jedoch unbestreitbar bewiesen und überprüft – wird in der Erzählung sichtbar und über den Illusionsraum der Fiktion hinaus plausibel gemacht, weil die Inhalte der praktizierten Indoktrination authentisch sind und ihre Konsequenzen sich auch buchstäblich realisierten: Das von Böll zitierte Gerücht vom »Terroristen-*Roman*« (S. 259) ist ein Indiz für diesen Sachverhalt. Weder Ludwig Götten noch die Handlung der Erzählung haben etwas mit Terrorismus oder auch nur mit politisch motivierten Aktionen zu tun – allein die ZEITUNG und ihre Entsprechungen in der bundesdeutschen Wirklichkeit konstruieren solchen Zusammenhang. Die drei Artikel der ZEITUNG, die Böll entwirft, stellen im Verein mit den Hinweisen auf weitere Artikel (S. 166f., 168f., 171f.) ein Modell her für die Kreuzzugsmentalität, die allenthalben »linke Verschwörung« wittert und deshalb die Verwendung jeden Mittels als legitim beansprucht.

Den Grund legt die ZEITUNG vom Freitag (S. 48f.): Die Schlagzeilenformulierung »RÄUBERLIEBCHEN« verleumdet zwar Katharina, beläßt den Fall Götten jedoch im Bereich »gewöhnlicher« Kriminalität; das gilt auch für »Mörder«, auch wenn das eine unzulässige (und unzutreffende) Vorwegverurteilung ist. Das Wort »Bandit« gibt den Gelenkpunkt ab, um den Fall in ein »terroristisches Umfeld« zu bugsieren. Das fällt heute nicht mehr unmittelbar ins Auge, doch 1974 war der Streit darum, ob man »Baader-Meinhof-Gruppe« sagen dürfe oder »Baader-Meinhof-*Bande*« zu sagen habe, ein Thema, das politische Welten trennte und definierte. Vom »Banditen« ist daher der Weg vorgezeichnet zu »Verschwörung« und der politischen Denunziation Katharinas – »Der Vater war ein verkappter Kommunist« –, und damit ist das Verdächtigungsprofil vorgezeichnet: »Konspirationszentrum [...] Bandentreffen [...] Beute aus Bankrauben«. Die Samstagszeitung verstärkt den Aspekt persönlicher Verunglimpfung (»MÖRDERBRAUT«, S. 53) und erweitert zugleich das politische Kampffeld: »falsche Vorstellungen vom Sozialismus«, »Radikalität und Kirchenfeindlichkeit« (S. 55), »ein redlicher Arbeitsmann [...], der der Gewerkschaft mißtraut« (S. 56). Dabei werden von Anfang an, dem »sex-and-crime-Schema« entsprechend, politisches »Verbrechen« mit sexuellen Momenten zu einem Verleumdungssyndrom verbunden: »Räuberliebchen«, »Zärtlichkeiten eines Mörders und Räubers« (S. 55). Die Wirkung wird rasch sichtbar – zu rasch sogar, weil Böll sein eigenes

Zeitschema nicht sorgfältig genug beachtet hat (s. o., S. 38): Daß schon »in jener Donnerstagnacht« (S. 102) Katharina telefonisch belästigt wird, läßt sich gerade noch rechtfertigen, weil der Anrufer Hausbewohner ist und Zeuge ihrer Verhaftung am Donnerstagmorgen gewesen sein könnte. Die anonymen und »nicht anonymen« Briefe und Postkarten am »Freitagnachmittag« (S. 101) würden selbst einen utopischen Postdienst überfordern. Der Inhalt der Briefe jedoch könnte ohne weiteres dem Leserbriefteil bundesdeutscher Zeitungen zu Beginn der 70er Jahre entnommen sein; ihre Sprache hat O-Ton-Charakter: »Kommunistensau«, »rote Wühlmaus«, »Kreml-Tante«, »Was Stalin nicht geschafft hat, Du wirst es auch nicht schaffen« (S. 105). Die Beschimpfungen gleichen im übrigen denen aufs Haar, mit denen Böll (s. Grützbach, S. 25), seine Erzählung und später auch die Verfilmung immer wieder in Leserbriefen bedacht worden sind.

»Offenkundig benutzt die ZEITUNG die *Vorurteile* eines großen Teils der westdeutschen Bevölkerung, die unter der Oberfläche ›demokratischen‹ Miteinanderauskommens nach wie vor vorhanden sind; das tiefeingewurzelte Mißtrauen gegenüber den Intellektuellen, die Verteufelung kritischer Fortschrittlichkeit als Subversion von links, das Verlangen nach einfachen Lösungen, nach schärferem Durchgreifen der Behörden und Polizei.« (Scheiffele, S. 175)

Diese Beobachtungen über Wirkung und Wirkungsmechanismen der ZEITUNG schließen auch die SONNTAGSZEITUNG mit ein, die für Katharina »den Ausschlag gegeben hatte« (S. 152), obwohl dort den Verunglimpfungen ihrer Person kaum ein neuer Aspekt hinzugefügt wird – daß sie angesichts des Todes ihrer Mutter als Leidtragende zur Täterin gestempelt wird (S. 155), erhöht nur die Zahl und nicht die »Qualität« der Verfälschungen. Die Ausgabe der SONNTAGSZEITUNG ist vor allem deswegen bedeutsam, weil sie der Direktive Lüdings »Sofort S. ganz raus, aber B. ganz rein« (S. 134) folgt und die parteipolitisch motivierte »Entlastungsoffensive« für Sträubleder (»Sie setzte den Ruf eines ehrenwerten Menschen, dessen Familienglück, seine politische Karriere – über die die ZEITUNG schon mehrfach berichtet hat – skrupellos aufs Spiel«, S. 156) mit der Konstruktion der Verschwörung einer »Linksgruppe« um die »rote Trude« verbindet. Die polemische Bemerkung Trude Blornas, »was er [Sträubleder] jetzt braucht, ist eine direkte handfeste Manipulation der Ermittlungen und der Berichterstattung darüber« (S. 118), verwandelt sich hier in Realität: Die ZEITUNG ist nicht nur exemplarisch für *die* Sensationspresse und die mittelbare Gewalt des manipulierten Wortes, sondern – und hier werden »Ähnlichkeiten mit den Praktiken der ›Bild‹-Zeitung« wiederum »unvermeidlich« – für die Verquickung solcher Presse mit staatlichen Institutionen und damit für eine viel weniger vermittelte Form von Gewalt.

Diese Verquickung enthüllt Beizmenne:

»Einige wichtige Details verdanke er übrigens den Reportern der ZEITUNG, dem dazugehörenden Verlag und den mit diesem Haus verbundenen Organen, die nun einmal lockere und nicht immer konventionelle Methoden hätten, Einzelheiten zu erfahren, die amtlichen Rechercheuren verborgen blieben.« (S. 159)

Kooperation zwischen Polizei und ZEITUNG in umgekehrter Richtung wird schon vorher sichtbar, als es Katharina unbegreiflich erscheint, »wie Einzelheiten aus der Vernehmung [...] hätten zur Kenntnis der ZEITUNG gelangen können« (S. 81). Dies, wie auch die Reaktion einer scheinheiligen Beschwörung des »berechtigten öffentlichen Interesses« (S. 82) und eines ebenso vorgeschobenen Plädoyers für die »Pressefreiheit und für das Informationsgeheimnis«, reflektiert Bölls eigene Erfahrung: ein Berliner Springer-Blatt meldete z. B. die Durchsuchung der Wohnung Raimund Bölls, noch ehe sie stattgefunden hatte (J, S. 666, s. auch o., S. 16). Über das persönliche Erlebnis hinaus hatte er aber auch zuvor, 1972, schon das generelle Problem thematisiert:

»Vor ungefähr einem halben Jahr hat Minister Dr. Posser geschrieben: ›*Bild* regiert: ein Alptraum.‹ Ich erlaube mir die Gegenfrage: Regiert *Bild* etwa nicht, oder nicht wenigstens mit [...]? Elf Millionen Bundesbürger schlürfen täglich den Polit-Porno-Zynismus von *Bild* ein. Helmut Schmidt soll einmal gesagt haben, ein Abgeordneter, der sich gegen Springer verwende, begehe politisch Selbstmord. [...] Es ist doch nachgerade unfaßbar, wenn man hierzulande unter Gewalt nur noch die Gewalt von Bomben und Maschinenpistolen versteht. Übt eine *Bild*-Schlagzeile keine Gewalt aus? Welche? Was wird da angerichtet in den Köpfen, im Bewußtsein, am Aggressionspotential dieser elf Millionen Süchtigen [...]?« (E II, S. 577)

Katharina Blum gibt im fiktiven Modell eine Antwort, die, wie so häufig im Falle Bölls (vgl. Balzer 1981, S. 40), von der Wirklichkeit noch überboten wurde. Denn daß einige Jahre später BILD nicht nur metaphorisch gesprochen, sondern wahrhaftig mitregieren würde, in Gestalt des ehemaligen Chefredakteurs Peter Boenisch als Bundespressesprecher, hätte selbst er nicht erwartet und hätte noch, so schrieb er 1983, »vor *einem* Jahr 1000 : 1« dagegengewettet (Ein- und Zusprüche, S. 181).

4.4 »Wie Gewalt entstehen kann« – Böll und »die Eskalation der Gewalt«

Noch unter einem weiteren Aspekt wurde die Erzählung unbeabsichtigt selbst zum »realistischen« Exempel für das, was sie thematisierte. Im Dezember 1974 wurde Böll in Berlin die Carl-von-Ossietzky-Medaille verliehen. Die CDU boykottierte den Festakt mit der Begründung, Böll gehöre zu denen, »die in unserem Lande die Saat der Gewalt gepflegt und kultiviert haben« (Tagesspiegel, 3. 12. 1974). Karl Carstens Behauptung, *Katharina Blum* sei eine »Rechtfertigung der Gewalt« (s. o., S. 6), wurde knapp zwei Wochen später formuliert. Am 29. und 30. 11. 1977 hielt die CDU eine »wissenschaftliche Fachtagung« zu dem Thema ab: »Der Weg in die Gewalt. Geistige und gesellschaftliche Ursachen des Terrorismus und seine Folgen«, auf der der Sozialpsychologe Peter R. Hofstätter unter der Überschrift »Wie Gewalt entsteht und wohin sie führen kann« darzustellen versuchte, »daß der Dichter Heinrich Böll der enttäuschten Abwendung von eben dieser Gesellschaft Artikulationshilfen« geboten habe, wobei er »das heikle Wort ›Sympathie‹« so demonstrativ vermied, daß der Vorwurf des »Sympathisantentums« um so massiver ausfiel (Hofstätter, S. 163ff.). Seither ist dies ein immer wieder abrufbares »Argumentations«-Klischee:

»Zweifellos hat Böll zur Hoffähigmachung der Bande mehr beigetragen als irgend jemand. Und zu ihrer Ermutigung. Sein Buch schildert in der empfehlendsten Weise, wie ein ›Bild‹-Reporter ermordet [!] wird.« (Die Welt, 29. 5. 1978)

Dies mag stellvertretend stehen für journalistische Verleumdungen von rechts, die sich nicht auf die Organe der Springer-Presse beschränkte (s. auch Hörzu, Nr. 25, 1978), sondern auch im Fernsehen mit dem ZDF-Magazin oder einem ARD-Kommentar des Journalisten Matthias Walden eine Plattform fanden. Selbst in wissenschaftlichem Gewand kommen sie daher in Gestalt der Würzburger Dissertation des Soziologen Lothar Ulsamer, »Zeitgenössische deutsche Schriftsteller als Wegbereiter für Anarchismus und Gewalt«. Der Titel legt Tendenz und »Ergebnisse« offen: »Entschuldigung der Gewalt im literarischen und politischen Werk Bölls« (Ulsamer, S. 123) wird festgestellt, Bölls »Wegbereiter«-Funktion in erstaunlicher Deduktion »bewiesen«:

»Ließ Böll den Clown seine Lebenssicht eher passiv vertreten, und kam dieser noch ohne Gewalt aus, obwohl er sie erwog und über sie ›philosophierte‹, so übten die Gruhls in ›Ende einer Dienstfahrt‹ ›Gewalt gegen Sachen‹, um ihre Abneigung gegen eine zentrale Institution des Staates sichtbar zu machen. Katharina Blum greift dann zur Waffe. Wird hier nur der Weg der ›Außerparlamentarischen Opposition‹ nachgezeichnet; werden nicht eher zentrale Ansichten vorgegeben oder zumindest entschuldigt; wie der Clown seine Abneigung gegen die zentralen gesellschaftlichen Werte und Normen durch gewaltlose Demonstration zeigte [...], begann auch die Bewegung der APO. Die ›Gewalt gegen Sachen‹ wurde bald für zulässig erklärt, oft ohne jeden Tadel hingenommen (vgl. die Jeep-Verbrennung durch die Gruhls), den Abschluß fand ein Teil der APO im Mord, der wiederum von Intellektuellen entschuldigt wurde (vgl. Katharina Blum)« (ebd., S. 122).

Die intellektuelle Schlichtheit dieser soziologischen Analyse könnte als rein akademisches Problem der Verantwortung von Ulsamers Doktorvater überlassen bleiben, hätte nicht die Bundeszentrale für politische Bildung das Werk durch kostenlose Vergabe zu verbreiten versucht, bis bundesweiter Protest die Aktion stoppte. Außerdem bündelt Ulsamer – wenn auch mehr schlecht als recht – nur das, was andere wissenschaftliche Vertreter eines politischen Konservatismus zuvor schon formulierten. Peter Hofstätter erinnert Katharina »in manchen Zügen an Ulrike Meinhof« (Hofstätter, S. 165), und Helmut Schelsky konstatiert, »daß hier die Faulheit und der Überdruß Bölls, sich argumentativ mit dem Springer-Journalismus auseinanderzusetzen, den Tagtraum ersonnen hat, ihn einfach mit Gewalt zu beseitigen« (Schelsky, S. 324), und schlägt vor: »Die Erzählung hieße in ihrem Untertitel besser: Wie man Gewalt verschweigen und die anderen zu Schuldigen stempeln kann« (ebd., S. 363). Es verwundert dabei nur, daß weitere, noch näherliegende »Beweise« für den gewaltfördernden Charakter des Böllschen Werkes nicht genutzt wurden: schließlich gab es die Serie von Ohrfeigen gegen einen Kulturfunktionär und einen »Stoß vor die Brust« eines katholischen Paters (R II, S. 520) in *Haus ohne Hüter* (1954), eine ganze Menge gewalttätiger Zerstörungswut in *Im Tal der donnernden Hufe* (1957) und – stärkstes und nahezu unüberwindliches Argument – der Schuß der Großmutter auf einen Bonner Minister in *Billard um halb zehn* (1959), von der Täterin selbst als »Anständigenmord« charakterisiert (R II, S. 1144). Nach solchem Beispiel hätte Ulsamers Urteil, »Der Durchschnittsbürger hat wieder einmal keine Gnade vor den Augen des Schriftstellers gefunden« (Ulsamer, S. 125), erst seine eigentliche Strahlkraft gewonnen. Bedauerlicherweise hat er, wie sein Literaturverzeichnis ausweist, die genannten Werke Bölls nicht und von Böll überhaupt sehr wenig gelesen.

Es läge nahe, auf die oben (S. 49) zitierte Übertragung von Machiavellis Satz zur mimischen Satire durch Robert Neumann zu verweisen, doch Satire wird hierzulande bekanntlich häufig nicht als solche erkannt, vor allem nicht Realsatire.

Böll beklagte 1985 in einem Nachwort zur Neuauflage der *Ansichten eines Clowns* »den dümmsten aller Fehler, [. . .] Autor und ›Held‹ *total* zu identifizieren« (Köln 1985, S. 411). Ein Beispiel dafür bietet Peter Hofstätter:

»Übrigens, Hans Schnier, Der ›Clown‹, in dessen Rolle Böll 1963 für einen Augenblick schlüpfte, war ›siebenundzwanzig Jahre alt‹, ebenso alt wie die Mörderin Katharina Blum im Jahre 1974 oder Böll selbst beim Ende des Zweiten Weltkrieges. Das, so scheint es, war der Augenblick, in dem sich sein Selbstbild fixiert hat.« (Hofstätter, S. 166)

Wie töricht diese Identifikation ist, macht schon der Blick auf Bölls distanzierte Stellung zu seiner Hauptfigur Katharina deutlich (Textausgabe, S. 237f.). Allerdings setzte Böll beim Leser »genug Sensibilität voraus, sich kritisch dieser Katharina zu nähern« (ebd.). Er stellte darüber hinaus in zahlreichen Äußerungen zur Erzählung klar, daß es nicht *seine* Position sei, »daß jemand seine Ehre und seine Integrität durch einen Mord wiederherstellen kann. Die Katharina muß das machen. Sie. Und zwar so, wie sie versinnlicht ist« (ebd., S. 229). »Bei aller Vorsicht, die angebracht ist, wenn der Autor sein eigenes Werk erläutert« (Scheiffele, S. 178) – und das besonders in diesem Fall angesichts der durchaus widersprüchlichen Äußerungen Bölls zu *Katharina Blum* (s. o., S. 16f.) –, kann man derartige Charakterisierungen nicht einfach übergehen, zumal sie sich am Text verifizieren lassen. Katharina ist nicht der »typische« Sympathieträger des sonstigen Böllschen Werks, sie ist – bevor sie Opfer der ZEITUNG wird – nicht »Abfall« der Gesellschaft (vgl. Balzer 1980, S. 42), sondern in jeder Hinsicht erfolgreich angepaßt: »Korrektheit, mit planerischer Intelligenz« (S. 173), »organisatorisch, kalkulatorisch [. . .] aufs beste gebildet« (S. 88), mit »schulbeispielhaft[er]« Entwicklung (S. 60). Die Summe, die Böll zehn Jahre später zieht, bestätigt sich am Text: Katharina ist eine »fleißige, tüchtige, völlig unpolitische Person, die sich, ökonomisch betrachtet [. . .] im *Aufschwung* befindet, ja sie ist das verkörperte Wirtschaftswunder, mit Auto, Eigentumswohnung und einigen Ersparnissen« (Nachwort, S. 263), eine Existenz, aus der die Helden Bölls sonst »auszusteigen« pflegen wie Walter Fendrich in *Haus ohne Hüter*, Schnier im *Clown*, aber auch Leni in *Gruppenbild*. Eberhard Scheiffele hat Rolle und Funktion Katharinas auf den überzeugendsten Begriff gebracht:

»[Bölls] ›Ambition‹ war es [. . .], am ›Fall Blum‹ als an einem *repräsentativen* Beispiel das menschliche, gesellschaftliche und politische ›Klima‹ in der heutigen Bundesrepublik glaubhaft zu dokumentieren. Dies ist nur möglich, wenn die Hauptgestalt vor ihrer Begegnung mit Götten gern in diesem Klima gelebt hat. Nur so kann ihr Verhalten für den Leser als *Regel* erscheinen, nicht als *Ausnahme.* Nur so ist das Beispiel repräsentativ. Katharina ist kein Sonderling. [. . .] Gerade weil sie die ›positiven‹ Eigenschaften des ›normalen‹ Bürgers hat, weil sie eigentlich verträglich und autoritätsgläubig wie die anderen ist [. . .], *weil* sie also alles andere als ein ›Extremtyp‹, weil sie keine Ulrike Meinhof ist, merkt auch der Durchschnittsleser das ›tua res agitur!‹ der Erzählung.« (Scheiffele, S. 178f.)

Böll schildert exemplarisch die gewalttätigen Folgen der verbalen und institutionellen Gewalt durch die ZEITUNG – das 49. Kapitel stellt diese Intention quasi rekapitulierend und unterstreichend noch einmal nachdrücklich heraus. Solche literarische Illustration der »gesellschaftliche[n] Eskalation der Gewalt« (Dorothee Sölle in: Merkur, H. 316, 1974) ist eine Warnung, die man schlimmstenfalls als Drohung mißverstehen kann, nicht jedoch als heimliches Einverständnis – sonst müßte man Dostojewski wegen *Schuld und Sühne* als Anstifter zum Mord erklären und fände in der Literaturgeschichte eine große Schar von Mitangeklagten.

4.5 ZEITUNG und BILD-Zeitung

Es wird kaum verwundern, wenn unter dieser Überschrift nur über die Entbehrlichkeit eines entsprechenden Kapitels gehandelt wird: Natürlich ist die Frage nach dem »Realismus« in diesem Punkt »unvermeidlich« und bestimmend für die Diskussion über die Erzählung, und das nicht erst seit Rudolf Augsteins Vorwurf:

»Es läuft anders als er denkt, vielleicht schlimmer, vielleicht besser, auf jeden Fall anders. Die Mechanismen, nach denen das abrollt, hat er nicht durchschaut. Er ist irgendwo, meine ich, zu grobschlächtig in seiner Beschreibung, andererseits nicht subtil genug. Das heißt also, ihm fehlt nichts weiter als das, was wir bis zum Überdruß haben, nämlich die Erfahrung.« (zit. nach Beth, Rufmord, S. 73)

Die Gegenposition wurde ebenso vehement und ausführlich vertreten und wissenschaftlich untermauert:

»Anette Petersen ist dem Vorwurf mangelnder Authentizität in einer empirischen Untersuchung nachgegangen und hat im Vergleich mit dem zeitgeschichtlichen Bezugsdokument gezeigt, daß Böll ›die Sprache der Bildzeitung [durchaus] realistisch zu kopieren‹ vermag.« (Köster, S. 620).

Hanno Beth, Gerd Ludwig, Friedhelm Kicherer, Eberhard Scheiffele u. a. haben das Verhältnis von ZEITUNG und BILD unter allen denkbaren Gesichtspunkten und bei Aufbereitung allen notwendigen Materials untersucht. Aber nicht der Hinweis auf diese leicht erreichbaren Arbeiten begründet den Verzicht auf eine entsprechende Abhandlung an dieser Stelle: diese ist vielmehr Grundlage und Bestandteil der Kapitel 1.2, 1.5, 3.1–3.3. 4.1–4.4 und läßt sich nicht davon ablösen. Der besondere »Fall« ist Teil des für Böll ebenso grundlegenden wie generellen Problems des Verhältnisses von Wirklichkeit und Fiktion. Die Frage nach dem »richtig« oder »falsch« in der Darstellung der ZEITUNG ist – so sollte deutlich geworden sein – zwar legitim, aber für die Analyse der Erzählung nur von peripherem Interesse. Damit sei nicht ihre didaktische Verwertbarkeit bestritten, die F. Kicherer – ähnlich einer Reihe anderer Literaturdidaktiker – so formuliert:

»Die Schüler sollen die Intention des Autors erkennen, der eine subjektiv wahrgenommene Wirklichkeit literarisch verarbeitet, wobei er auf Eigenerlebnisse im Umgang mit der Presse [...] zurückgreift, mit dem Ziel, den Leser zu kritischem Umgang mit medialen Produktionen zu ermutigen [...] Die Schüler sollen die ideologische Weltanschauung der ZEITUNG mit der ›Bild‹-Zeitung vergleichen und mittels der eingefügten Texte in die Erzählung (Berichterstattung der ZEITUNG) im Vergleich mit konkreten ›Bild‹-Zeitungsberichten eine semantische und syntaktische Analyse durchführen können. [...] Die Schüler sollen die gewonnenen Erkenntnisse unter Heranziehung besprochener Methoden und Techniken auf andere Produkte des Sensationsjournalismus (Regenbogenpresse) anwenden können« (Kicherer, S. 128).

Das sind ohne Zweifel wichtige Lernziele, doch sie »unterfordern« den Text, weil sie ihn auf das reduzieren, »was an Wirklichem in ihn hineingeraten ist« (s. o., S. 10). Wichtig ist vielmehr, »was aus ihm an geschaffener Wirklichkeit herauskommt« (ebd.). Die »Wirklichkeit der Fiktion« ist eine andere als die eines Dokuments. Es ist daher notwendig, sich auf die »komplizierte Dämonie auch eines vergleichsweise realistischen« Textes einzulassen, ihn als »poetischen«, d. h. »gemachten« zu verstehen und zu begreifen, daß der Gehalt, aber auch die »didaktische Verwendbarkeit« sich aus der »Machart« ergibt und weniger aus dem Inhalt, der doch nach Bölls eigener, wenn auch zugespitzter Erklärung »geschenkt« ist.

5 Dokumente zur Rezeption

Einige Rezensionen zur Erzählung sind im Materialienteil der Textausgabe von 1984 enthalten. Die folgende Dokumentation versucht, das Bild der Debatte zu verdeutlichen, wobei Vollständigkeit nicht zu erreichen ist. Deshalb konzentriert sie sich bei den Stimmen zur Buchfassung auf Kritiker-Reaktionen in den ersten Monaten nach Erscheinen des Buches.

5.1 Stimmen zur Buchfassung

Jürgen P. Wallmann: Der »Racheakt des Schriftstellers«

Nun hat Heinrich Böll seinen »Racheakt« vorgelegt [...] Aber um es gleich unmißverständlich zu sagen: dieses Buch ist nicht, wenigstens nicht in erster Linie, Bölls Versuch, es einem mächtigen Presse-Caesaren heimzuzahlen; eine solche späte Abrechnung in einer Privatfehde wäre für den Leser nur von mäßigem Interesse. Die Erzählung ist vielmehr der Versuch des Schriftstellers, Einsichten, die er gewonnen hat und die sein Bild vom Menschen und von der Gesellschaft vervollständigen und differenzieren, künstlerisch zu gestalten: in einer fiktiven Geschichte, die zugleich weniger und mehr zu leisten imstande ist als ein aktueller Report oder ein Leitartikel. [...] Böll hat kein wutzitterndes Pamphlet gegen einen auf Menschenjagd spezialisierten Boulevard-Journalismus verfaßt. Ganz gewiß ist seine Erzählung von Emotion geprägt, von Mitmenschlichkeit und Sympathie für Verfolgte und für Opfer. Aber dieses Gefühl hat die Erzählung nicht überwältigt, ist in sie integriert, strukturiert bis in die Sprache und den Tonfall hinein, der nicht von Aggressivität, eher von Freundlichkeit ist. In diesem Sinne kann man hier von »kalter Rache« sprechen – wobei Rache jedoch ein falsches Wort ist, eher müßte man sagen: Abrechnung –, ganz im Sinne des Wortes von Gottfried Benn, der vom Schriftsteller gefordert hatte, er müsse »sein Material kalt halten«. »Die verlorene Ehre der Katharina Blum« ist, in der Form der Erzählung, eine Abrechnung mit inhumanen Praktiken und, ganz wie der Untertitel verspricht, ein Exempel dafür, »wie Gewalt entstehen und wohin sie führen kann«.

(Aus: Mannheimer Morgen, 30. 7. 1974)

Rolf Michaelis: Der gute Mensch von Gemmelsbroich

Dies ist die Geschichte einer Empörung. Ein sanfter Mensch schlägt um sich. Eine junge Frau mit dem Symbolnamen Katharina Blum, von einer rücksichtslos auch das private Leben ihrer Bürger vermarktenden Gesellschaft in die Enge getrieben, richtet die Pistole auf den unschuldig-schuldigen Menschen, in dem sich ihr die Anonymität einer aus *sex and crime* Profit ziehenden Welt verkörpert, auf den skrupellosen Reporter einer Schmierzeitung, der nach dem dramaturgischen Gesetz der Namensgebung in diesem Werk zum Tod bestimmt ist: Werner Tötges. [...] Dies ist die Geschichte einer Empörung in doppeltem Sinn. Ein sanfter Mensch, der einzige Erzähler deutscher Sprache, auf den das Wort zutrifft, mit dem seine Titelgestalt Katharina Blum ihre Freunde kennzeichnet: nett [...] – Böll schlägt hier um sich. In die Enge getrieben von einer bestimmten Art deutscher Presse, der man zu viel Ehre antut, wenn man ihr den schmucken Vornamen Boulevard läßt, spitzt Böll die satirische Feder. In dem Augenblick, da er nicht mehr als PEN-Präsident diplomatisch Zurückhaltung üben muß, veröffentlicht er, was ihn seit den Verfolgungen – es gibt kein höflicheres Wort – der »Springer-Presse« vor zwei Jahren bedrückt. Was seiner Katharina widerfährt, ist im Dezember 1971 der Baader-Meinhof-Gruppe passiert: ohne schlüssigen Beweis und ohne Gerichtsurteil von der Sensationspresse verurteilt zu werden. [...] Böll setzt sich – stellvertretend für den Leser – zur Wehr gegen unlautere Formen journalistischer Berichterstattung durch Entstellung, durch Verschweigen.

Dies ist einer der Blickpunkte, unter denen Bölls neues Werk betrachtet werden kann: ein satirisches Pamphlet gegen kriminelle Formen der Meinungsbildung. Der politische Aspekt des Werks, Erziehung zur Empörung gegen offensichtliches Unrecht, Aufklärung lügenhafter Praktiken, in Form von Protokollen und psychologisch-soziologischen Porträts derer, die Böll zu Recht »Rufmörder« nennt – hier spricht sich der moralische Zorn des Autors unmittelbar aus, hier überzeugt er (mich).

Aber Böll schreibt keinen politischen Aufruf und schon gar nicht ein Manifest, das zur praktischen Nachfolge der verzweifelten Tat Katharinas einlüde, sondern eine zeitkritische Schmähschrift – in Form einer Erzählung, einer scheu vorgetragenen Liebesgeschichte, einer kriminalistisch gewürzten love story, also eines epischen Werkes, das sich literaturkritischer Beurteilung stellt – und da ist Böll weniger leicht zu folgen. [...]

In der Idealisierung seines Blum-Mädchens geht Böll bis an die Grenze des literarisch Zulässigen und Überzeugenden. Während Tötges [...] natürlich *»schmierig«* ist und Porsche fährt, strahlt die in einem gebrauchten VW kutschierende Katharina (griechisch: die Reine) in dem moralischen SUWA-Weiß, das Flecken auf der Seele von Kunstfiguren hinterläßt. [...] Zum großen Komplex des Unwahrscheinlichen gehört allerdings die entscheidende Tat, der kalt geplante Schuß auf Tötges. Für die verhörenden Beamten – und für den Leser – verwirrend, Katharina als Charakter aber lebendig definierend, sind ihre stundenlangen Autofahrten durch die Nacht. [...] Nicht, daß dies psychologisch nicht glaubhaft wäre, Umkrempelung einer Person durch eine einzige Liebesbegegnung; doch wird die Verwandlung der passiven, ziellos streunenden Frau in eine aktive, ihr Ich bis zum Mord verteidigende Frau nur behauptet, nicht auch literarisch verwirklicht.

Überhaupt läßt sich der Verdacht schwer abwehren, die offensichtlich rasch geschriebene Erzählung, ein Nebenwerk sicher, müsse vom Erzähler durch ein Übermaß an Konstruktion legitimiert werden. Der eindringlich moralische Appell des kleinen Werkes wird durch kokette Struktur, spielerische Verschachtelung, zwinkernde Rück- und Vorblenden fast aufgehoben. Wenig glücklich erscheint (mir) Bölls Bildwahl der »fließenden Quellen«, der »Konduktion statt Konstruktion«, des »Rückstaus« von Pfützengewässern für die verschiedenen Stränge der Erzählung, vor allem dann, wenn dies zu schiefen, auch durch ironischen Sprachgebrauch nicht zu entschuldigenden Metaphern führt wie den »Nebenquellen, ihrer Verstrickung, Verwirklichung, Befaßtheit...«. [...]

Böll ist am besten, wenn er direkt spricht. Im Bemühen, persönliche Betroffenheit zu überspielen, die hier als Wehleidigkeit erscheinen müßte, flüchtet er sich in einen Stil von oft gequält bürokratischer Ironie, wie sie ihm durch den Protokollcharakter mancher Abschnitte seines »Berichts« gerechtfertigt erscheint. Da ist dann zu lesen, daß jemand »nicht zur Pistole griff, sondern diese auch in Tätigkeit setzte«; da führt der »Todesherbeiführer« eine arg papierene Existenz und bitten »behördlicherseits erstellte Abflußrinnen« um ein Lächeln. Böll, Romancier mit Humor, ist nicht so gut, wenn er sich in Wort-Spielen und Sprach-Scherzen ergeht (»da hier nicht ge-, sondern berichtet werden soll«; »nicht zur Akt- auch Passiva«; »Ein- und Ehe-brecher«). Da geht bis zur bewußten Zweideutigkeit des Wortes »bumsen« im entscheidenden Augenblick [...]

Ironie und kunstvoll verwirrte Chronologie der Erzählung stehen in befremdlichem Mißverhältnis zu der Beteuerung: »Hier soll absolute Gerechtigkeit walten« und zu der Bescheidung auf die »Pflicht der Berichterstattung«. Hätte ein trockenerer Ton hier nicht eher die »Zeugniskraft«, von der Böll einmal spricht? Die Frage gilt auch für die Kolportagezüge der Geschichte. Die sich prügelnden Manager, der Molotow-Cocktails bastelnde Industrieanwalt – kleinbürgerliche Wunschträume.

(Aus: Die Zeit, 2. 8. 1974)

Schlecht

In hölzerner Sprache und mit ermattender Beobachtungsgabe verteidigt Literaturnobelpreisträger Heinrich Böll »Die verlorene Ehre der Katharina Blum«. Das Thema »Gewalt« wird nur unzureichend reflektiert.

(Aus: Deutsche Zeitung, Stuttgart, 9. 8. 1974)

Joachim Kaiser: Liebe und Haß der heiligen Katharina

Bölls neueste, anarchische Idylle heißt: »Die verlorene Ehre der Katharina Blum – oder: Wie Gewalt entstehen und wohin sie führen kann.« Böll wiederholt hier ziemlich genau die Techniken der »Entfernung von der Truppe«. Also: wieder ein Erzähler, freilich nur ein Berichterstatter, der souverän, leichthin, manchmal sogar selbstkritisch Auskunft gibt über seine keineswegs chronologisch geordneten epischen Handgriffe. Diesmal eine Heldin, die, einer Heiligen gleich, die Gnade einer großen plötzlichen Liebe erfährt. (»Mein Gott, er war es eben, der da kommen soll – und ich hätte ihn geheiratet und Kinder mit ihm gehabt.«) Und wieder eine finstere Gegenwelt: diesmal aber die des alles mit Lüge und Gemeinheit überziehenden (Bild-)Zeitungs-Journalismus, gegen den die heilige Katharina sich zur Wehr setzt, indem sie einen Reporter erschießt. [...] Frei wird Böll immer nur da, wo er jenseits dieser Konstruktion fabuliert, Haltungen und Empfindungen entdeckt, wenn er etwa, ein Poet moderner Einsamkeit, die ziellosen Autofahrten im Regen beschreibt, die Katharina so macht. Und wenn er ausmalt, wie scheußlich die wohlbekannte Umgebung plötzlich wirken kann auf einen Verstörten. Oder wenn er satirisch erwägt, welchen psychischen Problemen offizielle Telephon-Abhörer sich ausliefern (wovon schon die Novelle »Als der Krieg ausbrach« effektvoll handelte). Aber sonst? Noch nie hat Böll so hemdsärmelig, ja so schlampig geschrieben wie im ersten Teil dieser Erzählung. Traut sich kein Lektor mehr an seine Manuskripte? Falsche Parenthesen; in einem Satz steht zweimal »er«, aber es sind verschiedene Personen damit gemeint; »regelrecht« erscheint als regelrechtes Obsessions-Flickwort [...] Dabei wimmelt es von absichtslosen Wiederholungen. [...] Nur wenn Katharina selber spricht oder ihr Verhalten direkt dargestellt wird, ist alles besser oder gut. [...] Doch die Novelle wird von Katharinas Ton nur allzu wenig geprägt. Denn statt auf einen betroffenen oder leidend-ironischen Erzähler treffen wir auf eine manchmal fad witzelnde Man-Haltung (»Das sollte doch noch einmal hervorgehoben werden, denn man kann da nie sicher sein«). So findet die Novelle keinen eigenen Erzähl-Ton, sie bedient sich nur teils des Verehrungs-, teils des Abscheu-Effekts. Aber der bloße Abscheu erklärt nichts und erbringt nichts.

(Aus: Süddeutsche Zeitung, 10./11. 8. 1974)

Dieter Lattmann: Böll und sein Buch des Anstoßes

Schärfer als Böll in diesem Buch ist kein Erzähler in der Bundesrepublik mit dem militanten Verleumdungsjournalismus ins Gericht gegangen. Es ist eine so unmittelbar politische Geschichte, daß es abwegig wäre, sie in erster Linie literarisch zu beurteilen. Dennoch: Als literarischer Text ist dies ein kleines Werk von scheinbar größter Einfachheit – in der verhaltenen, jedermann zugänglichen Sprache geschrieben, die Böll vor Jahren mit der Erzählung »Ende einer Dienstfahrt« gefunden und seitdem völlig ungezwungen zur Verfügung hat.

Es ist eine Sprache mit dem Mut zur Direktheit, die dennoch eine genaue und unüberhörbare Aufrichtigkeit in den Differenzierungen einbezieht. Ein Altersstil ohne Alter, in dem sich Wissen, Resignation und eine radikalmoralische Energie zu etwas Unverwechselbarem verbinden. Dieser Schriftsteller besitzt unter den international namhaften Autoren der Bundesrepublik am meisten Kontinuität.

Vor allem hat Böll mit diesem Buch eine Grenze gesprengt: Mit literarischen Mitteln ist es ihm gelungen, einem Wirtschaftsimperium zu Leibe zu rücken, das sich als Meinungskartell für unangreifbar hält. [...] Ich meine: »Katharina Blum« wird jener politischen Kriminalität, die so schwer faßbar ist, obwohl man sie schwarz auf weiß nach Hause tragen kann, zu schaffen machen als eine ungeheure Provokation. Sie gilt nichts anderem als den Freiheitsrechten des einzelnen und der Unantastbarkeit der Person.

Außerdem: Was in der Geschichte an Satire auf die Abhörpraktiken der »nationalen Tonbandstreitkräfte«, auf Neonationalismus und politischen Opportunismus steckt, reicht allein schon aus, um als allgemeines Lesebuch im öffentlichen Dienst empfohlen zu werden. Die Gestalt der Katharina Blum aber gehört, denke ich, in die Reihe der großen Unschuldigen, die immer die Literatur bewegt haben mit den Geschichten von Verkettung und Schuld in den Niederungen einer Zeit.

(Aus: Vorwärts, 15. 8. 1974)

Günter Zehm: Heinrich der Grätige. Macht Bölls neue Erzählung Stimmung für ein restriktives Pressegesetz?

Das neue Buch von Heinrich Böll, »Die verlorene Ehre der Katharina Blum«, löst auch bei seinen anhänglichsten Lesern Verlegenheit aus. Wohlmeinende Kritiker sind irritiert und sprechen davon, daß der Meister hier »allzu hastig« gearbeitet habe, daß ihm die Dringlichkeit seines »Anliegens« keine Zeit gelassen habe, »falsche Parenthesen«, »absichtslose Wiederholungen« und »fade Witzeleien« aus dem Text zu tilgen (Joachim Kaiser). Andere gehen noch weiter und konstatieren ein Übermaß an stilistischer Schlamperei, ein merkwürdiges Konglomerat aus Wehleidigkeit und Aggressivität, das man nur mit dem Ausdruck »saurer Kitsch« hinreichend charakterisieren könne.

Interessant und bezeichnend ist dabei, daß sich die Kritik gegen die mißlungene Form der Erzählung wendet und eine Würdigung des Inhalts taktvoll ausspart, ganz so, als ließen sich Inhalt und Form in der Literatur reinlich voneinander scheiden. Umgangen wird die wichtige Frage, ob es denn möglich sei, einen guten Roman für eine schlechte Sache zu schreiben. Indessen ist es gerade diese Frage, die sich einem bei der Lektüre des Böllschen Buches aufdrängt.

Denn die Sache, für die sich Böll hier mit Verve und Ingrimm engagiert, ist die Sache der Baader/Meinhof-Terroristen, die vor zwei Jahren schießend und bombenlegend durch unser Land zogen, oder besser: die Sache jener, die den Terroristen Unterschlupf gewährten und dafür herbe Kritik von einem Teil der Öffentlichkeit und einem Teil der Presse hinnehmen mußten. Bölls Verhalten stand damals im Mittelpunkt der öffentlichen Diskussion, und in seiner jetzigen Erzählung nimmt er den Faden der Debatte wieder auf, um seinen Standpunkt noch einmal zu rechtfertigen und seinen Gegnern noch einmal Saures zu geben. [...] Aber nicht das Psychogramm Heinrich Bölls und nicht die literarische Qualität oder Nichtqualität seiner neuen Erzählung sind das eigentlich Bemerkenswerte, sondern der Zeitpunkt ihrer Publikation. Möglich, daß Böll – wie Joachim Kaiser vermutet – wirklich zu hastig gearbeitet hat. Doch dann stellt sich die Frage nach dem Warum des Erscheinungsdatums um so eher. Sollte das Büchlein etwa unbedingt noch vor dem Beginn des Hauptverfahrens gegen die Baader/Meinhof-Leute auf dem Markt sein, um den Prozeß beeinflussen zu können?

Über die Motive und das »personelle Umfeld« des Terroristen Götten erfährt man in Bölls Erzählung nichts. Alles reduziert sich auf die Hetzjagd der ZEITUNG gegen die reine Katharina Blum. Von neuem soll also offenbar die Mär von den »wirklich Schuldigen« lanciert werden. Auf den dabei zu erzielenden Nebeneffekt hat bereits der SPD-»Medienexperte« Erich Küchenhoff in einer öffentlichen Äußerung mit denkenswerter Offenheit hingewiesen: »Heinrich Bölls Durchschlagskraft«, so meint er, »möge es vor allem gelingen, weitere Kreise der deutschen Journalisten zur Erkenntnis zu führen, daß jegliche zur bloßen Kameraderie entartende Solidarisierung mit einem solchen Journalismus alle Bemühungen um mehr innere Pressefreiheit gefährdet.«

Das ist, wie gesagt, deutlich. Nachdem die Bemühungen der Bonner Koalition um eine repressive Pressegesetzgebung bisher auf den beinahe einhelligen Widerstand der Zunft gestoßen sind, will man jetzt allem Anschein nach das Prinzip »divide et impera« anwenden, um doch noch zum Erfolg zu kommen. Die neue Erzählung Heinrich Bölls mag literarisch mißlungen sein – politisch erfüllt sie ihre wohlkalkulierte Funktion. Es ist – beinahe möchte man sagen: natürlich – eine repressive Funktion.

(Aus: Die Welt, 16. 8. 1974)

Dinah Nelken: Böll und die Blum

Heinrich Böll [...] klärt auf – und er wird schon sehen, was er davon hat: Angriffe, hoffentlich nicht tätliche, Anpfiffe, schriftliche, mündliche, fernmündliche.

Aus den feinsten Kreisen kommen sie unter der Schutzmarke kollegialer Kritik an Bölls Sprache, die in dieser Dokumentation nicht den höchsten literarischen Ansprüchen genüge, die aber doch die Sprache eines Meisters ist. Eines Moralisten, der mit *seinen* Worten die Moral – auch die der deutschen Sprache! – gegen ein Blatt verteidigt, das vorgibt, im Namen der Moral zu enthüllen und das schamlos Enthüllte der öffentlichen Meinung zum genußreichen Fraß vorzuwerfen.

Diese öffentliche Meinung nun – vor allem die in den minderen Schichten Minderbegabter – benutzt Schimpf und Schelte schlicht als Rache für die Rache, die Böll eingestandenermaßen mit diesem Buch nimmt. Die Rache eines Schriftstellers für die selbst von solchen ZEITUNGEN erlittene Unbill. Und für die Unbill anderer, vieler, denen kein Gott gab, zu sagen und zu schreiben, was sie gelitten haben.

Alle diese Gegner einer enthemmten Skandalpresse, Leute aus dem Volk und der Millionenschar von Böll-Lesern fühlen ihre Würde – gegebenenfalls auch Ehre und Leben – verteidigt von einem großen Schriftsteller, der Namen, Ansehen, Arbeit einsetzte für die Wahrung moralischer Sauberkeit und politischen Anstands, vielleicht sogar für die Menschlichkeit. Und sie sind es, die Heinrich Böll für Buch und Tat mündlich und fernmündlich, in Briefen und Telegrammen sagen:

»Herzlichen Dank für die Blum!«

(Aus: Berliner Extradienst, 23. 8. 1974)

Marcel Reich-Ranicki: Der deutschen Gegenwart mitten ins Herz

»Uns kommt nur noch die Komödie bei« – schrieb Dürrenmatt vor zwanzig Jahren. Daran mag Böll gedacht haben. Er macht aus der düsteren Geschichte eine Humoreske: Er verfremdet den makabren Stoff mit Heiterkeit, ohne ihn deshalb zu verharmlosen. Er läßt das Ganze von einem Berichterstatter erzählen, dessen gemächliche, schmunzelnde und oft umständliche Diktion immer erkennen läßt, daß er gewohnt ist, sich in der Sprache der Behörde zu äußern (»Man sollte hier nicht vergessen, dem Staatsanwalt Peter Hach Dankbarkeit zu zollen. . .«). So ähnelt die Erzählung nicht etwa einem Wutausbruch oder einem Notschrei, wohl aber einem Capriccio mit drohenden Untertönen, einem bitterernsten Scherzo.

Aber ist denn gegen dieses neue Buch gar nichts einzuwenden? Es war nie Bölls Sache, Vollkommenes zu schreiben. Immer schon hat er uns genötigt, mit dem Guten und bisweilen Unvergeßlichen auch Schwaches, Ärgerliches, ja Peinliches hinzunehmen. Nichts einfacher als gegen die »Verlorene Ehre der Katharina Blum« einen ganzen Katalog von Vorwürfen zu erheben. Denn das Fragwürdige und Mißlungene ist hier, wie so oft bei Böll, geradezu mit den Händen zu greifen.

Jeder Oberlehrer wird ihm eine Anzahl stilistischer Nachlässigkeiten ankreiden können, die sich nur zum Teil mit der Person und der Sicht des Ich-Erzählers rechtfertigen lassen. Daß sich aber in diesem Buch auch viele Beispiele der außergewöhnlichen sprachlichen Reizbarkeit Bölls finden – wer kann das Alltagsdeutsch so belauschen und fixieren wie er? –, ist ebenfalls sicher. Gewiß sind neben vorzüglich beobachteten und immer nur mit wenigen Strichen deutlich skizzierten Figuren auch einige, die allzu simpel und chargenhaft geraten sind.

Überdies gibt es neben glänzenden satirischen Akzenten jene Albernheiten und

Witzeleien, auf die Böll wohl nie verzichten wird. Und es stimmt, daß er manches zu sehr vereinfacht und vergröbert hat und daß in Wirklichkeit die behandelten Fragen differenzierter und vielschichtiger sind. Übrigens haben diejenigen, die sagen, alles sei komplizierter, immer recht.

Die Schönheitsfehler sind unzweifelhaft. Aber sie ändern nichts an der Tatsache, daß Heinrich Böll eine Erzählung geschrieben hat, die den Zeitgenossen bewußt macht, in welcher Welt sie leben. Er hat die deutsche Gegenwart – noch einmal sei es gesagt – mitten ins Herz getroffen.

(Aus: Frankfurter Allgemeine Zeitung, 24. 8. 1974)

Klaus Rainer Röhl: Die heilige Katharina und die Bildzeitung

Was geschildert wird ist eine moderne Legende. Hierbei durchdringen sich uralter Legendenstoff mit der hochmodernen, die klassische Märtyrerlegende gewissermaßen umkehrenden Lehre von der Gegen-Gewalt und der alten Geschichte des gerechten um sich schlagenden Individuums à la Michael Kohlhaas. [...]

Diese Legende von der reinen Märtyrerin, die Moritat von der geschändeten Unschuld ist nun in die liebevoll ausgemalte Welt des rheinischen Bürgertums hineingestellt.

Die Handlung des Romans, der schon jetzt wie ein Drehbuch zu einem (zweifellos folgenden) Film wirkt, konzentriert alles Licht auf Katharina. Ihre eigentlichen Gegenspieler bleiben blaß und schemenhaft – der geliebte Bankräuber kommt praktisch nicht vor, im Film würde er gar nicht auftreten. Ausführlich werden dagegen die Nebenfiguren skizziert: die Kriminalbeamten und die Rechtsanwaltsfamilie Blorna, die zugleich Arbeitgeber von Katharina ist. In den vielen realistischen, ja naturalistischen Genreszenen wirkt die Legendenfigur der Katharina eigenartig verfremdet, aufmontiert und doch fest mit dem Umfeld verbunden wie ein Ikonenbild. Obwohl sie einen gewöhnlichen Beruf hat (Hauswirtschafterin) und ein ganz gewöhnliches Leben führt, wirkt sie nach der Berührung mit *ihm,* die fast religiös geschildert wird (»Er war es, der da kommen sollte...«), als nicht mehr von dieser Welt. Sie redet und verhält sich anders als die anderen Menschen. Es umgibt sie die Reinheit und die Aura des Besonderen, Auserwählten. [...]

Der Erfolg dieses Buches ist sicher. Es wird seinen Weg in die Bürger- und Kleinbürgerwohnungen machen und auch die kritische Jugend erreichen. Der Platz 1 der Bestsellerliste ist ihm für lange Monate sicher. Es ist ein »natürlicher« Bestseller.

Massenhafte Veränderungen werden vorbereitet. Zumindest wählt der Leser beim nächsten Mal nicht mehr CDU, wahrscheinlich sogar SPD. Er wird bei der nächsten Gelegenheit an einer Mieter- oder Stadtteilinitiative teilnehmen, besonders, wenn er im Fernsehen sieht, daß Böll das auch tut. Er wird gegen Griechenlandreisen sein, wenn Böll aus Protest gegen die Mißhandlung Wallraffs vor dem griechischen Reisebüro protestiert. Er wird über die Volksverhetzung der BILD-Zeitung nachdenken, wenn Böll einen Roman gegen die Hetze in einer BILD-Zeitung schreibt. Dieses Buch wird stärkere Wirkungen haben als die ganze Kampagne »Enteignet Springer«!

(Aus: das da, August 1974)

Friedrich Torberg: »Katharina Blum«. Jetzt böllert's. Parodie anstelle einer Besprechung

Es ist Bericht zu erstatten über eine Berichterstattung, deren Inhalt, da sie sowohl in Buchform als auch in vier fortsetzungsweisen Veröffentlichungen eines wöchentlichen Nachrichtenblattes, in dem die Ereignisse der jeweils abgelaufenen Woche sich spiegeln und das deshalb im folgenden als DAS MAGAZIN bezeichnet wird, erschienen ist, als bekannt vorausgesetzt werden darf, wobei der gegebene Sach- oder Rechtsverhalt, obwohl an sich eher simpel und spannungslos, in der vom Berichterstatter gewählten Form der Wiedergabe sich ebenso kompliziert und schwer durchschaubar ausnimmt wie dieser Satz, was natürlich sein, des Berichterstatters, gutes Recht ist, denn wo kämen wir sonst hin mit der ganzen Scheißbelletristik. [. . .]

Katharina Blum wurde zu ihrem Griff nach der Mordwaffe eindeutig und unmittelbar dadurch veranlaßt, daß Tötges ihr vorschlug, erst einmal mit ihm zu bumsen. [. . .] Hier liegt eine verbal-assoziative Zwangshandlung vor, deren Zwanghaftigkeit noch dadurch erhärtet wird, daß die handelnde Person von dem Wort »bumsen« nicht loskommt. [. . .] Es kann somit an dem auslösenden Motiv der tödlichen Schüsse nicht der geringste Zweifel bestehen. Hätte Tötges nicht bumsen, sondern ficken wollen, so wäre der ganze Mord, wie man das wohl nennt, im Eimer gewesen. Er ist eine Angelegenheit der Literatur. Heinrich Böll – was bei Literaten, zumal wenn sie darauf bestehen, daß das Poetische seine eigene Sachlichkeit habe, gelegentlich vorkommt – hat sich von den Möglichkeiten der Sprache und der Sprachspielerei, um nicht zu sagen des Kalauers, dazu verlocken lassen, die Wut, die er im Bauch hatte, durch eine kurze, heftige Detonation loszuwerden. »Gut«, dachte er, »jetzt böllert's«, was jedenfalls leichter auszusprechen ist als »jetzt bumst's«, und hat die Schreibmaschine rausgenommen. Dann ging er zum Verlag Kiepenheuer & Witsch, der immer so nett zu ihm war.

(Aus: DER SPIEGEL, 26. 8. 1974)

Wolfgang Richter: Die böse Moritat der kühlen Katharina

Heinrich Böll rechnet mit der »Bild«-Zeitung ab. Ein Nobelpreisträger der Literatur [...] steigt wagemutig in den Ring, um den mächtigen Springer-Organen wortgewaltig seine Antwort um die Ohren zu hauen. Denen wird er's aber geben! denkt man nach seinem kessen Vorspruch. Da wird ein Weltmeister der Formulierkunst die Wort- und Meinungsakrobaten der Massenpresse schwungvoll aufs Kreuz legen.

Nichts davon geschieht. Im Gegenteil. Böll verliert, um im Sportjargon zu bleiben, haushoch nach Punkten. Nicht, als ob er besiegt würde. Nein, der Gegner, den er sich ausgesucht hat, bleibt ein Schatten. Böll kämpft gegen Windmühlen. Ein deutscher Dichter degradiert sich selbst zum Don Quichotte. Er gibt sich, indem er einem hehren Ziel zu dienen glaubt, selbst dem Spott preis. Wo, in drei Teufels Namen, hat er seinen kritischen Verstand gelassen, als er diese halbfaule Frucht des Zornes zur hunderttausendfachen Vervielfältigung freigab?

Natürlich stürzen sich die Rezensenten der Springer-Presse – aber nicht nur diese! – jetzt beckmesserisch auf die Stilblüten, die Heinrich Böll in diesem künstlich konstruierten, doch sprachlich wenig ausgefeilten Werkchen ausgestreut hat. Tatsächlich lassen sich manche seiner Formulierungen nicht einfach mit der Absicht der Ironisierung der deutschen Amts- und Kanzleisprache entschuldigen. Daß da jemand in eine Zelle »verbracht« wird und »einsitzt«, nimmt man hin, denn so wird in einschlägigen Kreisen geredet und geschrieben. Aber daß da »jener einmal sie nicht gerade verführen, aber doch erheblich mit ihr flirten wollte«, sucht man eher bei Courths-Mahler als bei Böll. Da stolpert man über »Todesherbeiführer« und »Befaßtheit«, auch wenn keine amtlichen Quellen zitiert werden. Und überhaupt macht der Autor es dem Leser nicht leicht, wenn er eingangs seine Quellen-Metaphorik entwickelt, um das »ihm zur Verfügung stehende Pfützenwasserpotential in einem Sammelkanal« zusammenzuführen, wobei er der Niveauunterschiede wegen um Nachsicht bittet, »denn schließlich gibt es auch Stockungen, Stauungen, Versandungen, mißglückte Konduktionen und Quellen, die ›zusammen nicht kommen können‹, außerdem unterirdische Strömungen usw. usw.«

Und so weiter! Und so weiter! Das ist nicht Bölls Geschoß, das mitten ins Schwarze, vielleicht gar in die Druckerschwärze der Springer-Presse trifft! Nein, hier schießt der Autor mit einem ungeladenen Gewehr. Zwar wissen jene, die getroffen werden sollten, daß sie Grund zur Betroffenheit haben. Aber durfte Böll es ihnen so leicht machen, mit hämischer Schadenfreude über die mißlungene Form vom Inhalt ablenken zu können?

Der Inhalt besteht, man muß es leider sagen, aus Denkklischees. Sie sind eines Mannes wie Böll unwürdig. [...]

Wenn Heinrich Böll vorhatte, das Thema Machtmißbrauch durch Massenmedien an einem exemplarischen Beispiel abzuhandeln, dann hätte er mit differenzierteren Mitteln arbeiten müssen. Seine Katharina Blum bleibt eine unverbindliche Kunstfigur in einer künstlichen Konstellation von Schatten.

Die große Gemeinde der Leser aber sei auf Heinrich Bölls nächstes Buch vertröstet. Titel und Thema sind zwar noch unbekannt. Aber es besteht kein Zweifel, daß der Nobelpreisträger nach dem polemischen Blindgänger der Katharina Blum etwas Brisanteres bieten muß, um seinen Ruf als Autor zu retten. Vielleicht liefert er bald wieder Literatur?

(Aus: Aachener Volkszeitung, 7. 9. 1974)

Gerhard Melzer: Der Bericht ist die Realität

»Die verlorene Ehre der Katharina Blum« ist ein literarisches Pamphlet; eine Satire über die banalen Sprachblähungen der Regenbogenpresse, voller ironischer Spitzen, die manchmal – Symptom nachwirkender Verbitterung – in verkrampft wirkenden Sarkasmus übergehen. Was Böll von der Literaturkritik vorgehalten wird: eine an Trivialroman-Schemata orientierte Handlungsführung; eine naivstrahlende Titelheldin, deren Moralismus unerträglich sei; eine umständlich-verquere, Objektivität vorspiegelnde Sprache, all das macht die eigentliche Qualität seiner neuen Erzählung aus. In ihr ist verwirklicht, was Karl Kraus als »höchste Stilleistung« der Satire bezeichnete: »Der Bericht ist die Realität, und darum muß auch die Satire vom Bericht beschämt werden. Sie hat nichts mehr zu tun, als jenen, die nur lesen, aber noch nicht sehen, den Bericht übersichtlich zu machen.«

Böll hält sich an diese Maxime. Er zitiert und montiert Satztrümmer aus Groschenromanen, Frauenzeitschriften und Boulevardblättern, verwertet ideologische Befangenheiten, »Ideale« vom »guten Menschen« und vom »feinen Leben«, vom Journalisten und vom Kriminalkommissar, und fügt diesen ganzen Trivialbrei zu einer Apotheose von Klischeevorstellungen und Surrogatwirklichkeiten zusammen.

Da gibt's die biedere, vom Leben gezeichnete, aber strebsame Titelheldin, die vom Blitzstrahl der »großen Liebe« gestreift wurde. Oder den Prominentenanwalt, gewitzt und ein wenig gütig, der seinen Urlaub in der Schweiz verbringt. Oder den Journalisten, der – ohne viele Worte zu verlieren – mit der armen Katharina gleich »bumsen« möchte. Wen wundert's, daß sie nicht mehr an sich halten kann und den bösen Finsterling ermordet.

In der Tat: So ähnlich würden Kronen-»Staberl« und Konsorten eine denkbare Wirklichkeit stilisiert haben. Meint Böll. Und man kann sich dieser Meinung durchaus anschließen, auch wenn sie nicht so »öffentlich« ist wie die der »Kronen«- oder »Bild«-Zeitung.

(Aus: Präsent, Wien, 17. 10. 1974)

Ludek Pachmann: Geistige Verwirrung der Gesellschaft

Die Schriftsteller bezeichnen sich oft als »Gewissen des Volkes«. Gewissen hängt jedoch mit Verantwortung eng zusammen. Beim Schriftsteller-Kongreß in Frankfurt galt unverständlicherweise das Mitleid eher den Mördern als ihren Opfern. Die Fanatiker brauchen Ermutigung dringender als Bomben, deswegen wäre es nicht ganz abwegig zu fragen, ob es ohne Heinrich Bölls Buch »Katharina Blum« überhaupt einen Mord in der Bayernallee gegeben hätte. Es gibt Intellektuelle – etwa Marcuse und Sartre –, die sogenannte »revolutionäre Gewalt« zwar rechtfertigen, aber die Notwehr eines Rechtsstaates verurteilen. Sartre wollte nicht etwa der Familie des »hingerichteten« Richters Günter von Drenkmann sein Mitleid äußern, sondern lieber die Anstifter des abscheulichen Verbrechens trösten.

(Aus: Berliner Morgenpost, 24. 11. 1974)

Helmut Schelsky: »Heinrich Böll und die Entstehung der Gewalt«

Versteht man einmal die Erzählung »Katharina Blum« unter soziologischen, also keineswegs literarischen Gesichtspunkten, so muß man folgende Tatbestände feststellen: Die unechte Berichterstattersprache täuscht eine objektivierende Distanz vor, die ich als Sprachbetrug empfinde; Böll hätte in dieser Hinsicht bei Alexander Kluge und seinen »Lebensläufen« in die stilistische Lehre gehen sollen, aber der war ja wirklich mal Jurist.

Betrachtet man die Negativ- und Positiv-Personen dieser Erzählung, so ist ihre soziologische Kennzeichnung eindeutig. Die negativen sind im wesentlichen Journalisten [...], Juristen, Polizisten, der Pfarrer – und von besonderer Infamie – der »Herrenbesuch« Straubleders [!], von Beruf Politiker, Wirtschaftler und Wissenschaftler in einer Person. Man soll diese Figur bei der von Böll verwendeten Primitivsymbolik nicht unterschätzen: Politik (natürlich der CDU), Wirtschaft und Wissenschaft, das ist jetzt für Böll die Seite des »Teufels«. Die Positiv-Figuren sind alle angenehme, vernünftige Leute, aber es gibt kaum einen, der nicht durch jüdische Abstammung, kommunistische Gesinnung, Antifaschismus- oder Naziopferzugehörigkeit oder mindestens derartige familiäre Bande seine unauffällige soziale »Heroisierung« erfährt. [...]

Was Böll noch unter »Ehre« versteht, ist unerfindlich, zumal er mit der »Ehre« von anderen doch ziemlich leichtfertig umgeht. Eine Person wie die Katharina Blum, die von so großer Unabhängigkeit des Charakters, solchem praktischen Realitätssinn, solcher Fähigkeit, die Asozialitäten und Belastungen der eigenen Familie zu überwinden und sich die Männer vom Rock zu halten, geschildert wird, ausgerechnet diese vernünftige Person soll durch falsche Zeitungsberichte und Nachbarschaftsgeschwätz so in ihrem Selbstbewußtsein gekränkt sein, daß sie zur Gewaltverbrecherin wird? [...] Nein, das zu glauben weigert sich meine

Menschenkenntnis ganz entschieden; eher glaube ich, daß hier die Faulheit und der Überdruß Bölls, sich argumentativ mit dem Springer-Journalismus auseinanderzusetzen, den Tagtraum ersonnen hat, ihn einfach mit Gewalt zu beseitigen.

(Aus: H. Schelsky, Die Arbeit tun die anderen. Opladen. Westdeutscher Verlag ^{2}1975, S. 361 f.)

5.2 Reaktionen auf die Filmfassung

Heino Eggers: Eine Warnung vor dem Machtmißbrauch der Springer-Presse

Ehrlich gesagt: Als ich im Frühjahr Heinrich Bölls Erzählung »Die verlorene Ehre der Katharina Blum« im »Blickpunkt« besprach, konnte ich mir eine optische Umsetzung des Themas nur schwer vorstellen. Die kunstvoll gewundene Struktur der Erzählung, die einen gradlinigen Handlungsablauf ausspart, macht es einem Regisseur nicht besonders leicht. Böll spricht auch von »Um-, Ein-, Ablenkungsmanövern«, die der Geschichte zusätzlichen brisanten Reiz geben – aber eben eine filmische Realisierung des Stoffes erschweren. Und nun dieser Film von Volker Schlöndorff und Margarethe von Trotta! Wie ein Blitz zerreißt er die deutsche Kinolandschaft unserer Tage, ein befreiendes filmisches Gewitter in all dem Wust von Porno und pseudointellektuellem Kunsthandwerk. Hier haben wir endlich das große Thema und die ihm adäquate filmische Verwirklichung, die aufwühlt, erschüttert, am Ende gar erschlägt. [...]

Schlöndorff hat die verschlungenen Fäden der Erzählung geglättet und zeigt direkt und gradlinig, wie Gewalt entstehen und wohin sie führen kann. Da dringt die geballte Staatsmacht in die Wohnung ein, da wird ein Mensch von einer Sekunde zur anderen aus der Anonymität seines Daseins herausgerissen und zu einem »Fall« gestempelt, vogelfrei und schutzlos der Öffentlichkeit ausgeliefert. Die Geschichte kulminiert in Katharinas entsetzter Frage: *»Wer kann mich denn vor all dem Schmutz schützen?«*

Der Rechtsstaat – so beweist es Böll – kann es jedenfalls nicht. Katharina empfängt auch Trost: Schließlich gibt es ja nicht nur *diese* Zeitung. Aber was soll's, wo sie ja kaum einen kennt, der *diese* Zeitung nicht liest. Da steht sie über das Becken gebeugt und erbricht sich. Deutlicher kann man es nicht sagen, als Böll und Schlöndorff es tun: Brechreizjournalismus. Der Griff zur Pistole erscheint in der Tat als letzte denkbare und mögliche Konsequenz zur Wiederherstellung der verlorenen Ehre.

(Aus: Blickpunkt, Berlin, November 1975)

Ingeborg Pietzsch: Reflexion einer brutalen Realität

Heinrich Böll, nach dessen gleichnamigen Roman der Film gedreht wurde, reflektiert die brutale Realität der Gesellschaft, in der er lebt, und entlarvt die verheerenden Praktiken von Polizei und Presse. Der Film von Volker Schlöndorff und Margarethe von Trotta folgt ihm da weitgehend in schlichter Weise. Erzählt wird die eminent politische Geschichte, die in der westdeutschen Wirklichkeit wurzelt und den Betrachter ständig auf sie zurückführt. Böll ist Moralist. Und auch darin folgt ihm der Film und läßt Widersprüche (vor allem der Hauptfiguren) nicht außer acht: Katharinas Tat ist Notwehr gegen seelische Folter und zugleich Anarchie, ist barbarisch und doch verständlich. Diese dialektische Betrachtungsweise scheint mir freilich am Schluß des Films vernachlässigt, wenn das pomphafte, sensationell aufgemachte Begräbnis des Reporters – zumal die Grabrede – mit ironischen Aperçus versehen wird. Da holt man gewissermaßen die distanzierte Haltung von Böll, die dem ganzen Buch eigen ist, die der Film aber nicht anstrebt, mit einem Schlage nach. Statt ironischer Verfremdung entsteht dabei (unbeabsichtigt) Kabarettistisches. Schade. Denn die Kamera arbeitet unaufdringlich: Immer wieder sind Kirchen und Hochhäuser ins Bild gebracht. Zeichen falscher Hoffnungen und Frustrationen. Und Katharinas Vereinsamung wird im Verlauf des Films immer häufiger auch optisch deutlich.

(Aus: Filmspiegel, Berlin/DDR, Nr. 21, 1976)

Die verlorene Ehre der Katharina Blum

Katharina Blum (Angela Winkler) lernt einen Mann kennen. Liebe! Nach einer gemeinsamen Nacht steht die Polizei vor der Wohnung. Der Liebhaber wird gesucht. Katharina Blum gerät in einen Strudel von Ereignissen...

(Aus: BILD, 27. 5. 1976)

Leserbriefe

Ärgerlich und bedenklich, wie aus einem wichtigen Thema ein allzu billig-tendenziöser Film gemacht wurde. Jeder übliche Krimi bemüht sich um mehr Glaubwürdigkeit. Zum Glück geht es in der BRD doch nicht ganz so zu, wie es Schlöndorff & Co. in ihrer plumpen Costa-Gavras-Imitation darzustellen versuchen. Allein in Bezug auf die »Zeitung« kam die Realität ein wenig zum Vorschein. Schade um die verpaßte Chance.

(Aus: Gong, Nr. 24, 1978)

Das war wohl das mieseste und bösartigste Machwerk, das jemals vom WDR ausgestrahlt wurde. Die offenkundige Parteinahme der Verfasser für die armen verfolgten Idealisten, die ja ihre Banküberfälle und leider notwendigen Tötungen von Menschen aus edelster Gesinnung heraus betreiben, zeigt, wo die geistige Heimat der Verfasser Böll, Schlöndorff und Trotta liegt. Die Verunglimpfung unserer freien Presse durch maßlose und böswillige Übertreibungen und die Verhöhnung unserer freiheitlichen demokratischen Verfassung in einer Grabrede sollten den zuständigen Ermittlungsbehörden Anlaß geben, einmal zu untersuchen, inwieweit hier Strafnormen zum Schutze unserer Demokratie verletzt werden.

(Aus: Hör zu, Nr. 25, 1978)

Ich finde es ziemlich schlimm, daß unsere Programmgestalter unseren Bestrebungen, dem Terrorismus entgegenzuwirken, so in den Rücken fallen. 1975 mag der Film ganz sehenswert gewesen sein, aber augenblicklich sollte man ihn lieber in der Schublade lassen.

(ebd.)

Meisterwerke des Kinos auf Video. Horst Schäfer: »Die verlorene Ehre der Katharina Blum«

Die geradlinig erzählte Handlung des Films, die in diesem Punkte von der labyrinthischen Struktur der gleichnamigen Erzählung von Heinrich Böll abweicht, spielt zwischen dem 5. und 9. Februar 1975 in Köln und Umgebung. Die Kulisse bildet der Kölner Karneval, was dem Geschehen makabre Pointen verleiht. Das »närrische Treiben« verdichtet sich zu einer unwirtlichen, bedrohlichen Atmosphäre. Schlöndorff hat die Böllsche Vorlage zu einer realistischen Kinogeschichte mit starker emotionaler Wirkung verarbeitet. Beide attackieren die Machenschaften des Revolver- und Scheckbuch-Journalismus, die menschenverachtende und -vernichtende Schlagzeilen-Presse, ihre profitgierigen Methoden und ihre korrupte Haltung gegenüber den »tragenden Kräften unserer Gesellschaft«. Böll hat in seiner Arbeit eigene Erfahrungen mit Presse-Hetzkampagnen verarbeitet, und wegen dieses Films wurde auch Schlöndorff von einem Teil der Presse öffentlich als Sympathisant der Terroristen diskreditiert. Wohl kein anderer Film der deutschen Nachkriegszeit hat derartige Auseinandersetzungen ausgelöst.

Aus heutiger Sicht gewinnt ein Aspekt des Films eine besonders aktuelle Bedeutung: Die Tatsache, daß die Organe der Staatsgewalt mit überzogenen und rüden Methoden immer wieder in das Leben unschuldiger Personen einbrechen und ein Chaos hinterlassen, das viel größer ist als der angerichtete Sachschaden. Nicht zuletzt sind es doch auch solche hysterischen Übergriffe, die die davon Betroffenen auf die Seite der Verfolgten treiben.

Schlöndorffs Film arbeitet beklemmend heraus, daß Katharina in eine Situation gedrängt wird, in der ihr gar nichts anderes übrig bleibt, als Ludwig zu verteidigen und mit ihm zu sympathisieren. »Wie Gewalt entstehen und wohin sie führen kann«, lautet der Untertitel von Heinrich Bölls 1974 erschienener Erzählung.

»Die verlorene Ehre der Katharina Blum« wurde auch ein filmkünstlerischer Erfolg. Der Film erhielt eine Reihe von Auszeichnungen: unter anderem das Prädikat »Besonders wertvoll« der Filmbewertungsstelle Wiesbaden; den Preis der spanischen Filmkritik (CEC) und den Preis des Internationalen Katholischen Filmbüros (OCIC, 1975). Angela Winkler wurde mit dem Bundesfilmpreis (Filmband in Gold) sowie mit dem Kritiker-Preis 1975 in der Sparte Film für die Darstellung der Titelfigur ausgezeichnet. Für seine Kameraführung in Schlöndorffs Film (und in »Lieb Vaterland, magst ruhig sein« von Roland Klick) erhielt Jost Vacano ebenfalls einen Bundesfilmpreis (Filmband in Gold).

Schlöndorffs Böll-Verfilmung bildet auch den Abschluß einer filmgeschichtlich überaus reizvollen Begegnung zwischen dem »Jungen deutschen Film« und der »Neuen deutschen Literatur« [...].

(Aus: Rheinischer Merkur/Christ und Welt, 1. 4. 1988)

6 Literaturverzeichnis

1. Textausgaben

Die verlorene Ehre der Katharina Blum. Köln: Kiepenheuer & Witsch 1974

Die verlorene Ehre der Katharina Blum. München 1976 (= dtv 1150)

Böll, Heinrich: Werke. Romane und Erzählungen, Bd. 4, hg. v. *Bernd Balzer*. Köln ²1987, S. 11–116

Die verlorene Ehre der Katharina Blum. Mit Materialien und einem Nachwort des Autors. Köln 1984 (= KiWi 62) – (nach dieser Ausgabe wir hier zitiert. Das Nachwort »Zehn Jahre danach«, S. 259 ff., wird als »Nachwort« zitiert.)

2. Bölls sonstige Werke

Böll, Heinrich: Werke, Romane und Erzählungen, hg. v. *Bernd Balzer*. Köln ²1987 (zit. als R I–IV)

Böll, Heinrich: Werke, hg. v. *Bernd Balzer*. Köln 1978

Für die einzelnen Bände werden folgende Siglen verwendet:

E I–III = Essayistische Schriften und Reden, Bd. I–III

J = Interviews, Bd. I

Böll, Heinrich: Bild. Bonn. Boenisch. Bornheim-Merten 1984

Böll, Heinrich: Ein- und Zusprüche. Köln 1984

3. Bibliographien

Lengning, Werner: Der Schriftsteller Heinrich Böll. Ein biographisch-bibliographischer Abriß. München ⁵1977

Martin, Werner: Heinrich Böll. Eine Bibliographie. Hildesheim 1975

Schumann, Thomas B.: Heinrich-Böll-Auswahlbibliographie. In: *Hanno Beth* (Hg.), Heinrich Böll. Eine Einführung in das Gesamtwerk in Einzelinterpretationen. Königstein ²1980, S. 201 ff.

4. Forschungsbericht

Finlay, James Francis: Aspekte und Tendenzen der Böll-Forschung seit 1976. In: *Bernd Balzer* (Hg.), Heinrich Böll 1917–1985. Bern 1992, S. 315 ff.

Nägele, Rainer: Heinrich Böll. Einführung in das Werk und die Forschung. Frankfurt/Main 1976

5. Zu Leben, Werk und einzelnen Aspekten des Gesamtwerks

Arnold, Heinz Ludwig (Hg.): Böll. München [3]1982 (= Text und Kritik Nr. 33)

Balzer, Bernd : Humanität als ästhetisches Prinzip – Die Romane Heinrich Bölls. In: *Hanno Beth* (Hg.), Heinrich Böll. Eine Einführung in das Gesamtwerk in Einzelinterpretationen. Königstein [2]1980, S. 41ff.

Balzer, Bernd : Ausfall in die Sorglosigkeit? In: Materialien zur Interpretation von Heinrich Bölls »Fürsorgliche Belagerung«. Köln 1981

Balzer, Bernd : Anarchie und Zärtlichkeit. In: *Heinrich Böll*, Werke, hg. v. *B.B.* Köln [2]1987

Balzer, Bernd (Hg.): Heinrich Böll 1917–1985. Bern 1992 (= Memoria 1992)

Bernhard, Hans Joachim: Die Romane Heinrich Bölls. Gesellschaftskritik und Gemeinschaftsutopie. Berlin/DDR [2]1978

Beth, Hanno (Hg.): Heirich Böll. Eine Einführung in das Gesamtwerk in Einzelinterpretationen. Königstein 1975, 2. erw. Aufl. 1980

Hoffmann, Christine Gabriele: Heinrich Böll. Hamburg 1977

Jurgensen, Manfred (Hg.): Böll. Untersuchungen zum Werk. Bern 1975

Linder, Christian: Heinrich Böll. Leben und Schreiben. Köln 1986

Reid, James Henderson: Heinrich Böll. Ein Zeuge seiner Zeit. Frankfurt/Main 1991

Römhild, Dorothee: Die Ehre der Frau ist unantastbar. Das Bild der Frau im Werk Heinrich Bölls. Pfaffenweiler 1992

Sowinski, Bernhard: Heinrich Böll. Stuttgart 1993

Vogt, Jochen: Heinrich Böll. München 1987

6. Zu »Katharina Blum«

Beth, Hanno: Rufmord und Mord: die publizistische Dimension der Gewalt. In: *Hanno Beth* (Hg.), Heinrich Böll. Eine Einführung in das Gesamtwerk in Einzelinterpretationen. Königstein [2]1980, S. 69ff.

Ebert, Karl: Heinrich Böll. Die verlorene Ehre der Katharina Blum. Unterrichtseinheit in einer Unterprima. In: *Kurt Bräutigam,* Romanbetrachtung. Heidelberg 1977, S. 164ff.

Faulstich, Werner: Kritische Randbemerkungen zu dem Beitrag »Heinrich Bölls Erzählung ›Die verlorene Ehre der Katharina Blum‹ und die gleichnamige Verfilmung von Volker Schlöndorff und Margarethe von Trotta« von Heidemarie Fischer-Kesselmann (DD 76, 1984, S. 186ff.). In: Diskussion Deutsch 78, 1984, S. 449ff.

Fischer-Kesselmann, Heidemarie: Heinrich Bölls Erzählung »Die verlorene Ehre der Katharina Blum« und die gleichnamige Verfilmung von Volker Schlöndorff und Margarethe von Trotta. In: Diskussion Deutsch 76, 1984, S. 186ff.

Graf, Günter: Literaturkritik. Eine Einführung am Beispiel von Heinrich Bölls »Die verlorene Ehre der Katharina Blum«. Frankfurt/Main 1984

Hofstätter, Peter R.: Wie Gewalt entsteht und wohin sie führen kann. In: *Heiner Geißler* (Hg.), Der Weg in die Gewalt. Geistige und gesellschaftliche Ursachen des Terrorismus und seine Folgen. München 1978, S. 163ff.

Kicherer, Friedhelm: Heinrich Böll. Die verlorene Ehre der Katharina Blum. Hollfeld 1981

Köster, Juliane: Katharina Blum – die fremde Freundin. Über Identifikation als Erkenntnismittel. In: Diskussion Deutsch 104, 1988, S. 606ff.

Ludwig, Gerd: Sprache und Wirklichkeit in Heinrich Bölls Erzählung »Die verlorene Ehre der Katharina Blum«. Hollfeld 1986

Peuckmann, Heinrich: Unterrichtseinheit Heinrich Böll. Die verlorene Ehre der Katharina Blum. In: *Horst Hensel* (Hg.), Unterrichtseinheit zur demokratischen Literatur. Frankfurt/Main 1977, S. 15ff.

Petersen, Anette: Die Rezeption von Bölls »Katharina Blum« in den Massenmedien der Bundesrepublik Deutschland. Kopenhagen, München 1980

Scheiffele, Eberhard: Kritische Sprachanalyse in Heinrich Bölls »Die verlorene Ehre der Katharina Blum«. In: Basis 9, 1979, S. 169ff.

Schelsky, Helmut: Heinrich Böll – Kardinal und Märtyrer. In: *H. S.*, Die Arbeit tun die anderen. Klassenkampf und Priesterherrschaft der Intellektuellen. Opladen ^{2}1975, S. 360ff.

Ulsamer, Lothar: Zeitgenössische deutsche Schriftsteller als Wegbereiter für Anarchismus und Gewalt. Esslingen 1987

7. Zum politischen und publizistischen Hintergrund

Arndt, Helmut: Die Konzentration in der Presse und die Problematik des Verleger-Fernsehens. Frankfurt/Main 1967

Galtung, Johann: Gewalt, Frieden und Friedensforschung. In: *Dieter Senghaas* (Hg.), Kritische Friedensforschung. Frankfurt/Main 1971, S. 81ff.

Geißler, Heiner (Hg.): Der Weg in die Gewalt. Geistige und gesellschaftliche Ursachen des Terrorismus und seine Folgen. München 1978

Grützbach, Frank (Hg.): Heinrich Böll: Freies Geleit für Ulrike Meinhof. Ein Artikel und seine Folgen. Köln 1972

Küchenhoff, Erich: Bild-Verfälschungen. 2 Bde. Frankfurt/Main 1972

Meyn, Hermann: Massenmedien in der Bundesrepublik Deutschland. Berlin ^{2}1974

Müller, Hans Dieter: Der Springer-Konzern. München 1968

Wallraff, Günter: Der Aufmacher. Der Mann, der bei »Bild« Hans Esser war. Köln 1977

Wallraff, Günter: Zeugen der Anklage. Die »Bild«-Beschreibung wird fortgesetzt. Köln 1979

8. Zur Literatur der Bundesrepublik Deutschland

Balzer, Bernd / Denkler, Horst / Eggert, Hartmut / Holtz, Günter: Die deutschsprachige Literatur in der Bundesrepublik Deutschland. München 1988

Kindlers Literaturgeschichte der Gegenwart. Autoren, Werke, Themen, Tendenzen. Bundesrepublik Deutschland seit 1945, hg. v. *Dieter Lattmann.* München ^{2}1980

Schnell, Ralf: Literaturgeschichte der Bundesrepublik Deutschland. Stuttgart 1986

 987 654 321

Grundlagen und Gedanken zum Verständnis erzählender Literatur

Interpretationshilfen

Herausgegeben von Hans-Gert Roloff.

Andersch, Sansibar oder der letzte Grund. (K. Sollmann)	(6163)
Becker, Jakob der Lügner. (H. Krauss und E. Schütz)	(6169)
Böll, Ansichten eines Clowns. (B. Balzer)	(6038)
Böll, Die verlorene Ehre der Katharina Blum. (B. Balzer)	(6041)
Brecht, Geschichten vom Herrn Keuner. (D. Wöhrle)	(6055)
Büchner, Lenz. (R. Thieberger)	(6031)
Dürrenmatt, Der Richter und sein Henker. (G. P. Knapp)	(6037)
Fontane, Effi Briest. (C. Grawe)	(6040)
Fontane, Irrungen, Wirrungen. (K. Sollmann)	(6054)
Frisch, Homo faber. (M. und G. P. Knapp)	(6043)
Frisch, Stiller. (J. Petersen)	(6173)
Goethe, Die Leiden des jungen Werther. (S. Blessin)	(6032)
Goethe, Die Wahlverwandtschaften. (T. Elm)	(6034)
Grimmelshausen, Der abentheurliche Simplicissimus Teutsch. (W. Busch)	(6033)
Hartmann von Aue, Der arme Heinrich. (B. Könneker)	(6044)
Heine, Deutschland. Ein Wintermärchen. (K. Fingerhut)	(6167)
Kafka, Der Prozeß. (H. D. Zimmermann)	(6039)
Kafka, Die Verwandlung. (U. Abraham)	(6172)
Kleist, Die Marquise von O . . . (K. Schwind)	(6166)
Kleist, Michael Kohlhaas. (E. Fischer-Lichte)	(6050)
H. Mann, Der Untertan. (K. Jarmatz)	(6053)
Th. Mann, Buddenbrocks. (H. Koopmann)	(6042)
Th. Mann, Der Tod in Venedig. (J. Häfele und H. Stammel)	(6161)
Th. Mann, Tonio Kröger. (I. Wild)	(6052)
Das Nibelungenlied. (W. Hoffmann)	(6046)
Schiller, Der Verbrecher aus verlorener Ehre. (R. Kawa)	(6162)
Seghers, Das siebte Kreuz. (B. Spies)	(6059)
Storm, Der Schimmelreiter. (G. Weinreich)	(6045)
Wolf, Der geteilte Himmel. (I. Gerlach)	(6170)

Diesterweg

633/12